2　5年の復習②

1. 卒業までに職を得る。
2. 航行を事前に許可する。
3. 師を家に招待する。
4. 設置を全員に義務化する。
5. 精密《みっ》な機械が破損する。
6. 常識を身につける。

書こう

1. □《ゆ》出品を□《げん》定する。
2. □《あつ》い氷が□《は》る。
3. 習□《かん》を□《くら》べる。
4. □《さくら》の木を植える。
5. □《ぶつ》前で手を合わせる。
6. □《ぜっ》□《ぱん》になった本を探《さが》す。

□問正解！満点になるまでおさらいしよう！

答えは119ページ

月　日

2 5年の復習②

タイムアタック目標5分
分　秒

★ わり切れるまで計算しましょう。

❶ $2.6\overline{)\,19.5}$

❷ $6.5\overline{)\,5.46}$

❸ $0.04\overline{)\,17}$

★ 商を四《し》捨《しゃ》五《ご》入《にゅう》して、$\frac{1}{10}$の位までのがい数で表しましょう。

❹ $2.8\overline{)\,9.6}$

❺ $3.1\overline{)\,5.43}$

❻ $5.4\overline{)\,60.7}$

★ 商を一の位まで求め、あまりも出しましょう。

❼ $1.8\overline{)\,5.9}$

❽ $0.03\overline{)\,4.22}$

❾ $6.9\overline{)\,220}$

□問正解！満点になるまでおさらいしよう！

答えは119ページ

3　5年の復習③

タイムアタック目標5分
分　秒

読もう

❶ 混雑（　）したままの状態（　）が続く。

❷ 税額（　）がみるみる増（　）える。

❸ 技能（　）について賞賛（　）される。

❹ 犯罪者（　）でも弁護（　）する。

❺ 応接室（　）へいすを移（　）す。

❻ 情報（　）をきちんと確（　）かめる。

書こう

❶ □□《えいきゅう》の平和を願う。

❷ □□《ぼうさい》に□《こう》果がある。

❸ □《ふたた》び山へ登る。

❹ 原□《いん》を□《の》べる。

❺ 木の□《みき》にさわる。

❻ 二人はよく□《に》ている。

□問正解！満点になるまでおさらいしよう！

答えは119ページ

月　日

3　5年の復習③

タイムアタック 目標5分

分　秒

★ 次の計算をしましょう。

❶ $\frac{2}{3}+\frac{1}{9}=$

❷ $\frac{1}{6}+\frac{3}{14}=$

❸ $2\frac{3}{8}+1\frac{1}{3}=$

❹ $1\frac{7}{10}+1\frac{3}{4}=$

❺ $\frac{1}{2}-\frac{1}{5}=$

❻ $\frac{4}{15}-\frac{1}{6}=$

❼ $2\frac{3}{10}-\frac{2}{7}=$

❽ $3\frac{4}{9}-1\frac{5}{6}=$

❾ $\frac{3}{4}+\frac{1}{3}+\frac{1}{2}=$

❿ $\frac{5}{8}+\frac{7}{12}-\frac{1}{4}=$

⓫ $\frac{3}{5}-\frac{1}{3}+\frac{5}{9}=$

⓬ $\frac{4}{9}+\frac{1}{6}-\frac{1}{2}=$

□問正解！ 満点になるまでおさらいしよう！

答えは
119ページ

月　日

4　5年の復習④

タイムアタック 目標5分
分　秒

読もう

❶ 内容（　　）を読んで判断（　　）する。

❷ 他国との貿易（　　）を任（　　）せる。

❸ 教授（　　）が長い講評（　　）を述べる。

❹ 貧富（　　）の差を解消（　　）する。

❺ 利益（　　）がかなり減（　　）る。

❻ 眼科（　　）へ通う。

書こう

❶ 新□《ちく》の家を□《かま》える。

❷ 低気□《あつ》が□《せい》力を強める。

❸ □《きゅう》式の車で走る。

❹ 月□《かん》誌《し》を□《へん》集する。

❺ □《ぎゃく》方向へ進む。

❻ □《どう》は大切な□《し》源《げん》だ。

□問正解！　満点になるまでおさらいしよう！

答えは119ページ

4 5年の復習④

タイムアタック 目標5分
分　秒

★ 次の図形の面積を求めましょう。

❶

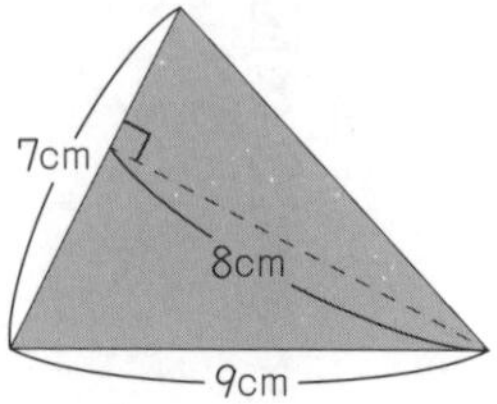

式

答え (　　) cm²

❷

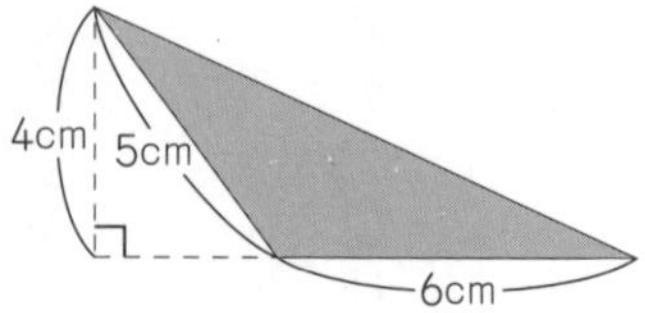

式

答え (　　) cm²

❸ 平行四辺形

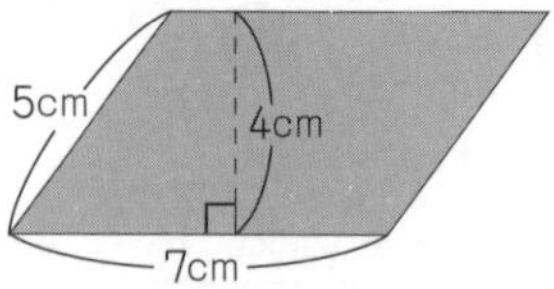

式

答え (　　) cm²

❹ 平行四辺形

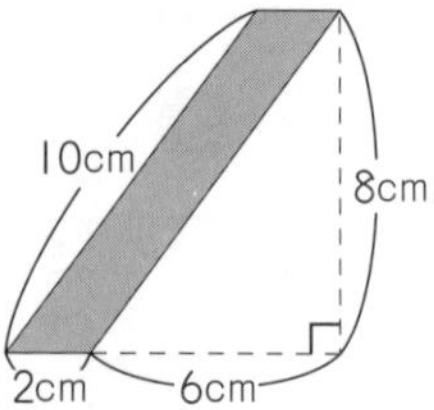

式

答え (　　) cm²

❺ 台形

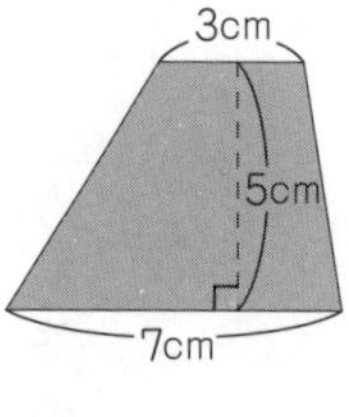

式

答え (　　) cm²

❻ ひし形

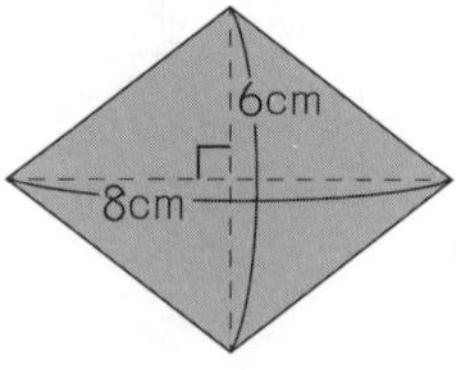

式

答え (　　) cm²

□ 問正解！ 満点になるまでおさらいしよう！

答えは119ページ

5　5年の復習⑤

タイムアタック目標5分

分　秒

読もう

❶ 新しい政策《さく》を提示する。

❷ 現実に適したよい規則だ。

❸ 校舎が他県へ移転する。

❹ 価格を同じに統一する。

❺ 自分の複雑な心境を語る。

❻ 高い志を持つ。

書こう

❶ □《ふ》人用の服を売る。

❷ □《ぶ》□《じゅつ》を習う。

❸ □《ゆめ》にまで見た光景。

❹ □《しゃ》礼の書□《じょう》を受け取る。

❺ 犬を□《か》う。

❻ 先□《ぞ》の□《はか》に手を合わせる。

□問正解！満点になるまでおさらいしよう！

答えは119ページ

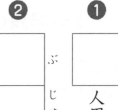

月　日

5　5年の復習⑤

タイムアタック目標5分

分　秒

★ 次の小数で表した割合を百分率で表しましょう。

❶ 0.7　(　　)

❷ 1.2　(　　)

❸ 0.34　(　　)

★ 次の百分率で表した割合を小数で表しましょう。

❹ 23%　(　　)

❺ 160%　(　　)

❻ 0.4%　(　　)

★ 次の問題に答えましょう。

❼ 32人いるクラスで、兄弟姉妹がいる人は24人います。兄弟姉妹がいる人の割合は何%ですか。

式

答え (　　)%

❽ たけしさんは、定価1800円のくつを、定価の65%で買いました。たけしさんは何円でくつを買いましたか。

式

答え (　　)円

□問正解！満点になるまでおさらいしよう！

答えは119ページ

月　日

6 5年の復習⑥

タイムアタック目標5分

分　秒

読もう

❶ 順序よく車を導く。（　　）（　　）

❷ 群集が暴れる。（　　）

❸ 清潔な白い布で机《つくえ》をふく。（　　）（　　）

❹ 勝率を計算する。（　　）

❺ 綿花の畑を耕す。（　　）（　　）

❻ 文句を言って責める。（　　）（　　）

書こう

❶ 国□《さい》色が□《ゆた》かな学校。

❷ インド□《ぞう》に近□《よ》る。

❸ □《こころよ》く本を□《か》す。

❹ 木の□《えだ》がのびる。

❺ 成□《せき》が上がる。

❻ 金□《ぞく》の原石を□《さい》くつする。

□問正解！満点になるまでおさらいしよう！

答えは119ページ

6　5年の復習⑥

タイムアタック 目標5分
分　秒

★ 次の問題に答えましょう。

❶ 次のジャガイモの重さの平均を求めましょう。

205g　233g　220g　214g　187g

式

答え（　　　　）g

❷ ある市の面積は16km^2、人口は20万人です。
この市の人口密度《じんこうみつど》を求めましょう。

式

答え（　　　　）人

❸ 1mあたりの重さが45gの針金があります。この針金81gの長さは何mですか。

式

答え（　　　　）m

❹ 時速60kmで1時間半走るときの道のりを求めましょう。

式

答え（　　　　）km

□問正解！満点になるまでおさらいしよう！

答えは120ページ

7 危・疑・存・刻・警

タイムアタック 目標5分
分　秒

読もう

❶ 危険と見なせる存在。

❷ 警察官に何度も疑われる。

❸ 野菜を細かく刻む。

❹ 時刻を調べる。

❺ 保存状態に疑問がある。

❻ 危ない所に近づかない。

書こう

❶ □《けい》察が容□《ぎ》者を追う。

❷ 深□《こく》な□《き》機におちいる。

❸ 小□《きざ》みにゆれる。

❹ 生□《ぞん》を確信する。

❺ □《あぶ》ないのではないかと□《うたが》う。

❻ 国の□《そん》亡《ぼう》を左右する。

□問正解！満点になるまでおさらいしよう！

答えは120ページ

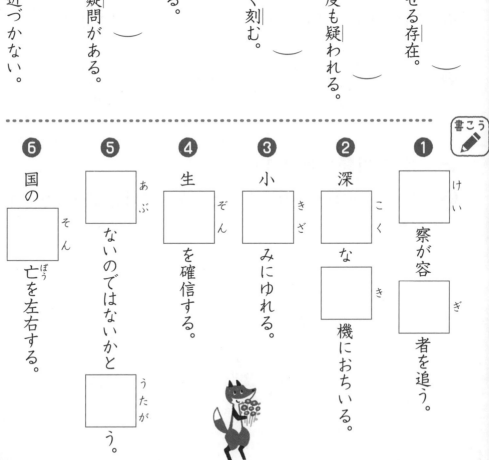

月　日

7 線対称な図形

タイムアタック目標5分

分　秒

★ 右の図形は、直線アイを対称《たいしょう》の軸《じく》とした線《せん》対称な図形です。

対称の軸で折ったとき、両側の図形がぴったり重なる図形

❶ 点B《ビー》に対応する点はどれですか。

(　　　　)

❷ 角D《ディー》に対応する角はどれですか。

(　　　　)

❸ 辺FG《エフジー》に対応する辺はどれですか。

(　　　　)

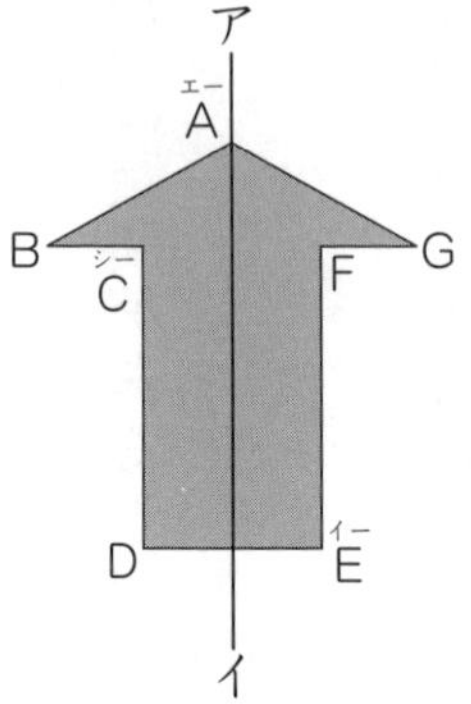

★ 次の問題に答えましょう。

❹ 直線アイが対称の軸になるように、線対称な図形をかきましょう。

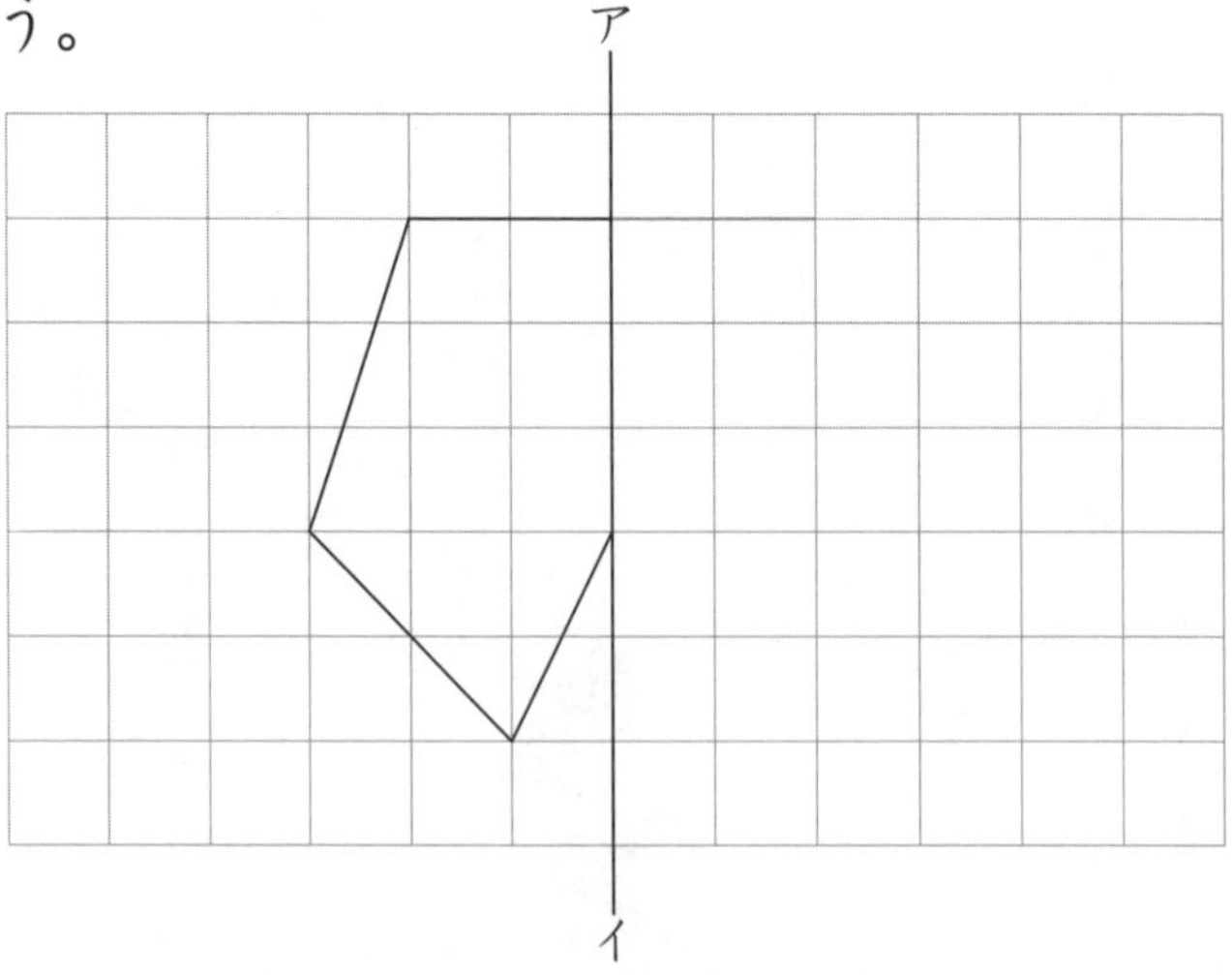

□問正解！満点になるまでおさらいしよう！

答えは120ページ

月　日

8 片・割・欲・担・券

タイムアタック 目標5分
分　秒

読もう

1 入場券の束を片手で持つ。

2 牛の乳《ちち》しぼりの役割。

3 ガラスが割れる。

4 欲張って損をする。

5 卵《たまご》を割る。

6 新しい担任の先生。

書こう

1 □《わり》引《びき》□《けん》をもらう。

2 風船が□《わ》れる。

3 食□《よく》がわく。

4 □《かた》道切ぷを□《わ》り当てる。

5 □《よく》深い考えを改める。

6 負□《たん》を減らす。

□問正解！満点になるまでおさらいしよう！

答えは120ページ

8 点対称な図形

タイムアタック 目標5分

分　秒

★ 右の図は、点O《オー》を対称《たいしょう》の中心とした点《てん》対称な図形です。

対称の中心で180°回転させたとき、もとの図形とぴったり重なる図形

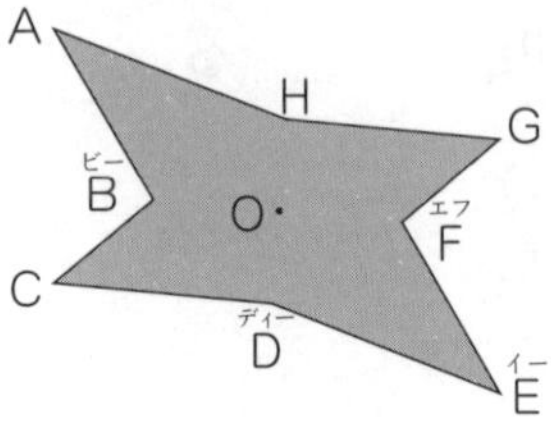

❶ 点A《エー》に対応する点はどれですか。

（　　　　）

❷ 角C《シー》に対応する角はどれですか。

（　　　　）

❸ 辺HG《エイチジー》に対応する辺はどれですか。

（　　　　）

★ 次の問題に答えましょう。

❹ 点Oが対称の中心になるように、点対称な図形をかきましょう。

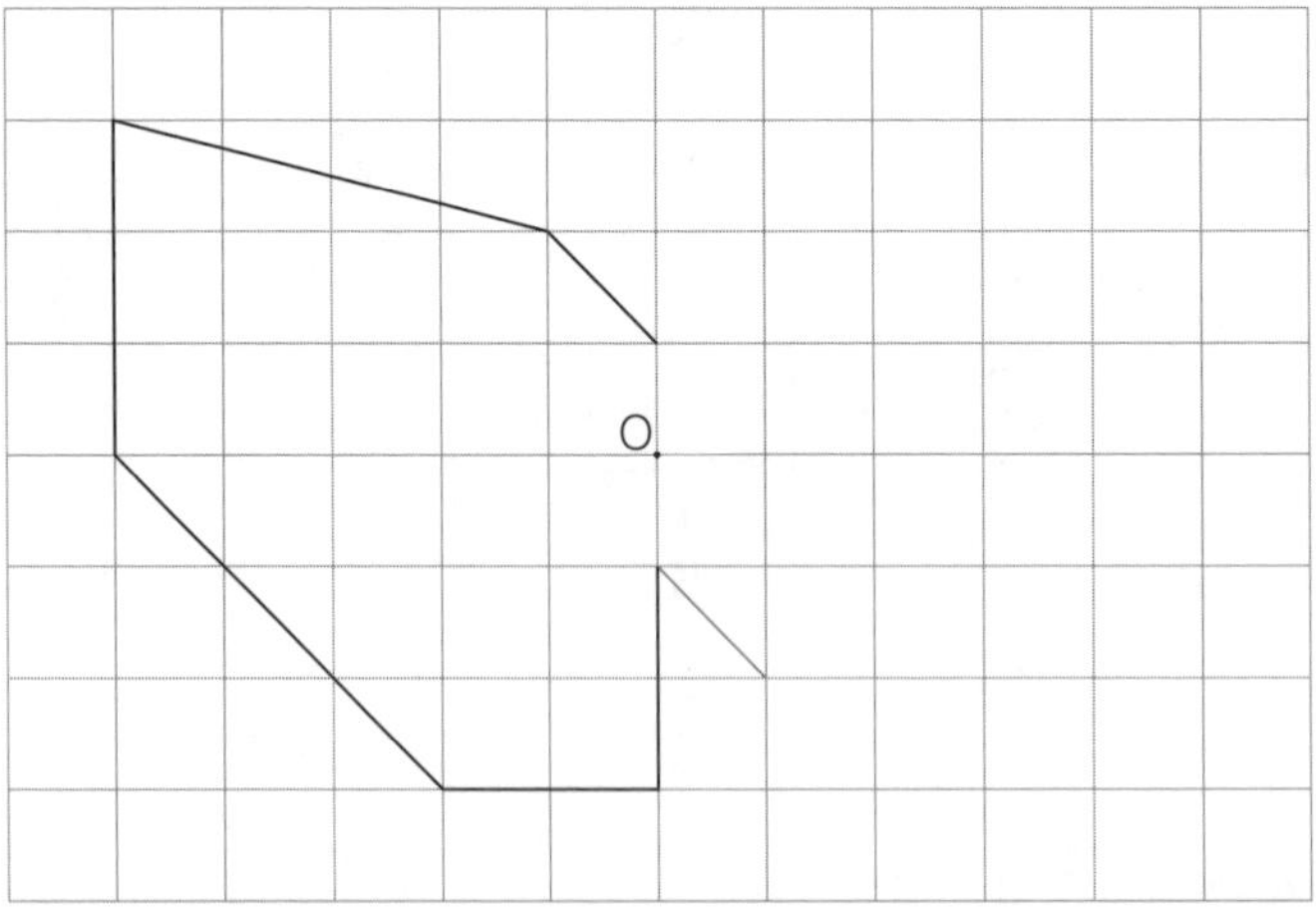

□問正解！満点になるまでおさらいしよう！

答えは120ページ

9　胃・腸・机・従・否

タイムアタック 目標5分

分　秒

読もう

① 胃が痛《いた》む。（　　）

② 議会の決定に従う。（　　）

③ 大腸の検査をする。（　　）

④ 議案が否決される。（　　）

⑤ 机の上を整理する。（　　）

⑥ 従業員を大勢従える。（　　）（　　）

書こう

① □《い》□《ちょう》の治りょう。

② 木製の□《つくえ》を使う。

③ 命令に□《したが》わず、反論《ろん》する。

④ □《ひ》定することは難《むずか》しい。

⑤ □《じゅう》来の方法を取り入れる。

⑥ 家来を□《したが》える。

□問正解！満点になるまでおさらいしよう！

答えは120ページ

月　日

9 多角形と対称

タイムアタック目標5分

分　秒

★ 正三角形は線対称《せんたいしょう》な図形で、対称の軸《じく》は3本です。また、点対称な図形ではありません。このことを、次のように表にまとめました。

	線対称かどうか	対称の軸(本)	点対称かどうか
正三角形 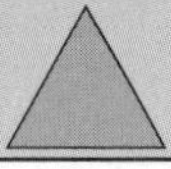	○	3	×

★ 次の図形について、正三角形と同じように表にまとめましょう。

	線対称かどうか	対称の軸(本)	点対称かどうか
❶正方形 	㋐	㋑	㋒
❷長方形 	㋓	㋔	㋕
❸平行四辺形 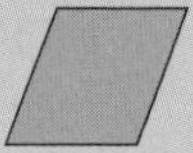	㋖	㋗	㋘
❹ひし形 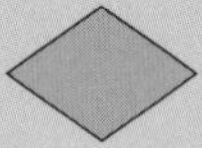	㋙	㋚	㋛
❺正五角形 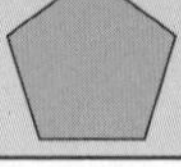	㋜	㋝	㋞

□問正解！満点になるまでおさらいしよう！

答えは120ページ

月　日

10 洗・蒸・砂・源・盛

タイムアタック 目標5分
分　秒

読もう

❶ 砂鉄を集める。

❷ 砂を土手に山盛りにする。

❸ 蒸気でよごれを洗う。

❹ 水源をよごさない。

❺ 川の源まで行く。

❻ 洗面所をそうじする。

書こう

❶ □《あら》った皿の水が□《じょう》発する。

❷ そばを皿に□《も》る。

❸ 限りある資□《げん》を守る。

❹ □《さ》糖《とう》が元気の□《みなもと》だ。

❺ 子どもが□《すな》場で遊ぶ。

❻ 朝起きてすぐに□《せん》顔《がん》する。

□問正解！ 満点になるまでおさらいしよう！

答えは120ページ

月　日

10 文字を使った式 ①

タイムアタック 目標5分
分　秒

★ 次の問題に答えましょう。

例題

・1個x《エックス》円のケーキを3個買ったときの代金をy《ワイ》円とします。

❶ xとyの関係を式に表しましょう。

式 [　　　] × [　　　] = [　　　]

ケーキ1個の値段《ねだん》　ケーキの個数　代金

❷ xの値《あたい》が180のとき、対応するyの値を求めましょう。

式 [　　　] ×3= [　　　]

答え y=(　　　)

・1個xgのボール8個を150gの箱に入れたときの全体の重さをygとします。

❸ xとyの関係を式に表しましょう。

式

❹ xの値が140のとき、対応するyの値を求めましょう。

式

答え y=(　　　)

□問正解！ 満点になるまでおさらいしよう！

答えは120ページ

11 胸・痛・呼・吸・座

タイムアタック 目標5分
分　秒

読もう

❶ 胸中を察して名を呼ぶ。

❷ 苦痛を感じる。

❸ 正座して食事をする。

❹ 鼻から空気を吸う。

❺ 悲報に、胸がとても痛む。

❻ 呼吸をすると傷《きず》が痛む。

書こう

❶ かれの名前を連□《こ》する。

❷ 頭□《つう》がする。

❸ □《きょう》部に空気を□《す》いこむ。

❹ 銀行に口□《ざ》を開く。

❺ 知識を□《きゅう》収《しゅう》する。

❻ 報道写真に□《むね》を□《いた》める。

□問正解！ 満点になるまでおさらいしよう！

答えは120ページ

11 文字を使った式 ②

タイムアタック目標5分
分　秒

★ 次の x《エックス》と y《ワイ》の関係を式に表しましょう。

❶ 底辺の長さが x cm、高さが4cmの平行四辺形の面積 y cm^2

(　　　　　　　)

❷ 1個80gのおかし x 個を120gの箱に入れたときの全体の重さ y g

(　　　　　　　)

❸ 15個のあめを x 個食べたあとの残りの個数 y 個

(　　　　　　　)

❹ 27Lのジュースを x 人で等しく分けたときの1人分のジュースの量 y L

(　　　　　　　)

❺ 1辺の長さが x cmの正方形のまわりの長さ y cm

(　　　　　　　)

□問 正解！ 満点になるまでおさらいしよう！

答えは120ページ

12 漢字のまとめ①

タイムアタック 目標5分
分　秒

読もう

① 人類の起源に関する文章。

② 胸いっぱいに息を吸う。

③ 砂をお茶わんに盛る。

④ 星座の名前に疑問を持つ。

⑤ 腹《ふく》痛が治り、食欲も出た。

⑥ 割れたガラスは危険だ。

書こう

① □《たん》任の先生の指示に□《したが》う。

② コップを□《あら》う。

③ 落とし物を届《とど》けに□《けい》察へ行く。

④ □《かた》手で入場□《けん》を持つ。

⑤ □《つくえ》の上の時計が時を□《きざ》む。

⑥ 大声で人を□《よ》ぶ。

□問正解！満点になるまでおさらいしよう！

答えは120ページ

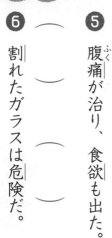

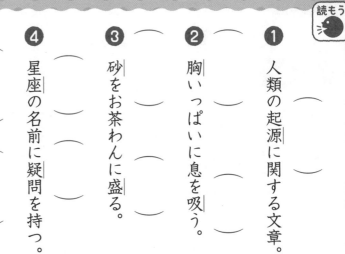

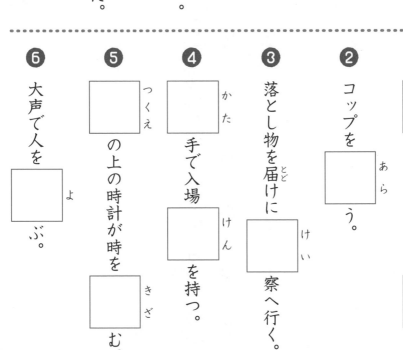

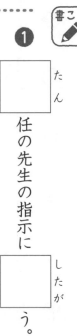

月　日

12 分数のかけ算 ①

タイムアタック目標5分
分　秒

★ 次の計算をしましょう。

例題

❶ $\frac{4}{9}\times 3=\frac{4\times \cancel{3}^{\square}}{\cancel{9}_{\square}}=\frac{\square}{\square}$

$\frac{▲}{●}\times ■=\frac{▲\times ■}{●}$

計算のとちゅうで
約分できるときは、
約分しよう。

❷ $\frac{1}{4}\times 3=$

❸ $\frac{3}{7}\times 2=$

❹ $\frac{2}{5}\times 4=$

❺ $\frac{4}{13}\times 3=$

❻ $\frac{5}{6}\times 2=$

❼ $\frac{3}{8}\times 4=$

❽ $\frac{5}{3}\times 3=$

❾ $\frac{2}{7}\times 21=$

❿ $\frac{7}{9}\times 12=$

⓫ $\frac{3}{16}\times 24=$

⓬ $\frac{5}{8}\times 36=$

⓭ $\frac{4}{75}\times 100=$

□問正解！満点になるまでおさらいしよう！

答えは121ページ

13 潮・沿・激・干・段

タイムアタック 目標5分
分　秒

読もう

❶ 激しさを増す潮流。

❷ 激戦をくぐりぬける。

❸ 黒潮が流れる沿岸。

❹ 干満の差が大きい。

❺ 階段に沿った手すり。

❻ 洗《せん》たく物を干す。

書こう

❶ □□《かんちょう》の時間を記録する。

❷ □《しお》風にあてて魚を□《ほ》す。

❸ □《えん》線の風景に感□《げき》する。

❹ □《はげ》しいいかりを覚える。

❺ 川に□《そ》って歩く。

❻ 良い手□《だん》を考える。

□問正解！満点になるまでおさらいしよう！

答えは121ページ

13 分数のかけ算 ②

タイムアタック 目標 5分
分　秒

★ 次の計算をしましょう。

例題

分子どうしをかける

❶ $\frac{5}{7} \times \frac{3}{4} = \frac{㋐\,5 \times ㋑\,3}{㋒\,7 \times ㋓\,4} = \frac{㋔\ \ }{\ \ }$

分母どうしをかける

❷ $\frac{2}{3} \times \frac{7}{9} =$

❸ $\frac{1}{4} \times \frac{5}{6} =$

❹ $\frac{3}{8} \times \frac{3}{5} =$

❺ $\frac{2}{7} \times \frac{4}{7} =$

❻ $\frac{5}{4} \times \frac{1}{3} =$

❼ $\frac{8}{5} \times \frac{2}{9} =$

❽ $\frac{1}{7} \times \frac{9}{4} =$

❾ $\frac{5}{3} \times \frac{5}{8} =$

□問正解！ 満点になるまでおさらいしよう！

答えは 121ページ

月　日

14 簡・策・班・舌・処

タイムアタック 目標5分

分　秒

読もう

❶ 簡潔にまとめる。（　　）

❷ 政策を考える。（　　）

❸ 班別に作業をする。（　　）

❹ きちんと処理する。（　　）

❺ 舌先三寸《さんずん》でごまかす。（　　）

❻ 不要物を処分する。（　　）

書こう

❶ □【さく】略をめぐらす。

❷ □【はん】長の仕事をする。

❸ 誤《あやま》って□【した】をかんでしまう。

❹ □【かん】単な□【しょ】置をする。

❺ 母はねこ□【じた】だ。

❻ □【かん】素な生活を送る。

□問 正解！ 満点になるまでおさらいしよう！

答えは121ページ

14 分数のかけ算 ③

タイムアタック目標 5分　　分　秒

★ 次の計算をしましょう。

例題

❶ $3 \times \frac{4}{5} = \frac{\text{㋐}\ 3}{\text{㋑}\ 1} \times \frac{\text{㋒}\ 4}{\text{㋓}\ 5} = \frac{\text{㋔}\ \square}{\square}$

分母が1の分数になおす

❷ $1\frac{1}{3} \times \frac{2}{7} = \frac{\text{㋕}\ 4}{\text{㋖}\ 3} \times \frac{\text{㋗}\ 2}{\text{㋘}\ 7} = \frac{\text{㋙}\ \square}{\square}$

仮分数になおす

❸ $4 \times \frac{3}{7} =$

❹ $3 \times \frac{5}{7} =$

❺ $\frac{7}{8} \times 5 =$

❻ $\frac{1}{10} \times 9 =$

❼ $1\frac{3}{4} \times \frac{1}{5} =$

❽ $2\frac{2}{3} \times \frac{5}{9} =$

❾ $1\frac{1}{7} \times 1\frac{1}{5} =$

❿ $2\frac{1}{2} \times 1\frac{2}{7} =$

□問正解！満点になるまでおさらいしよう！

答えは121ページ

15 翌・晩・映・幕・視

タイムアタック 目標5分

分　秒

読もう

❶ 翌晩は早くにねた。

❷ 証拠《しょうこ》映像がはっきり映る。

❸ 幕間《あい》に休けいする。

❹ 視野を広げて物事を見る。

❺ 水面に姿《すがた》が映る。

❻ 幕府を開く。

書こう

❶ □《よく》朝は早く起きた。

❷ □《ばん》ごはんを食べる。

❸ □《ばく》末を再現した□《えい》像。

❹ □《まく》が上がり、劇《げき》が始まる。

❺ 鏡に自分を□《うつ》してみる。

❻ 湖面に□《うつ》る雲が□《し》界に入る。

□問正解！ 満点になるまでおさらいしよう！

答えは121ページ

15 分数のかけ算④

タイムアタック目標5分

分　　秒

★ 次の計算をしましょう。

例題

❶ $\frac{4}{9}\times\frac{3}{5}=\frac{4\times\cancel{3}}{\cancel{9}\times 5}=\frac{\square}{\square}$

㋐ 1

㋑ 3

㋒

3で約分する

❷ $\frac{5}{6}\times\frac{4}{7}=$

❸ $\frac{1}{6}\times\frac{3}{7}=$

❹ $\frac{6}{7}\times\frac{4}{3}=$

❺ $\frac{3}{8}\times\frac{2}{3}=$

❻ $1\frac{7}{8}\times\frac{4}{5}=$

❼ $\frac{3}{14}\times1\frac{1}{6}=$

❽ $\frac{2}{15}\times\frac{9}{14}\times\frac{7}{8}=$

❾ $\frac{5}{18}\times\frac{2}{9}\times\frac{9}{10}=$

❿ $\frac{3}{4}\times1\frac{3}{5}\times\frac{10}{9}=$

⓫ $\frac{17}{60}\times\frac{12}{13}\times3\frac{1}{4}=$

□問正解！満点になるまでおさらいしよう！

答えは121ページ

月　日

16 私・専・就・勤・姿

タイムアタック目標5分
分　秒

読もう

❶ バスで通勤（　　）する。

❷ 私（　　）用で出かける。

❸ 専（　　）門店に勤（　　）める。

❹ 私（　　）は役所に就（　　）職した。

❺ 容姿（　　）に自信を持つ。

❻ 姿（　　）を鏡に映《うつ》す。

書こう

❶ 仕事への□《し》勢が評価される。

❷ 美しい立ち□《すがた》。

❸ 学業に□《せん》念する。

❹ □《きん》務中の□《し》語は禁止だ。

❺ 新しい社長が□《しゅう》任する。

❻ この仕事は□《わたし》にも□《つと》まる。

□問正解！　満点になるまでおさらいしよう！

答えは121ページ

月　日

16 分数のかけ算 ⑤

タイムアタック 目標 5分

分　秒

★ 次の数の逆数を答えましょう。

（逆数 → 分母と分子を入れかえた分数）

例題

❶ $\frac{4}{9}$ （　　）　❷ $2\frac{1}{2}$ （　　）　❸ 2 （　　）

（❷ 仮分数になおして考える）（❸ 分数になおして考える）

❹ $\frac{5}{7}$ （　　）　❺ $\frac{1}{8}$ （　　）　❻ 0.3 （　　）

★ □にあてはまる不等号を答えましょう。

（計算をせずに考えましょう。）

例題

❼ 7 □ $7\times\frac{4}{9}$

（かける数<1）（積<かけられる数）

❽ 4 □ $4\times1\frac{1}{2}$

（かける数>1）（積>かけられる数）

❾ $\frac{3}{5}\times\frac{7}{9}$ □ $\frac{3}{5}$

❿ $\frac{1}{6}$ □ $\frac{1}{6}\times\frac{4}{3}$

□問正解！ 満点になるまでおさらいしよう！

答えは121ページ

17 密・域・暮・訪・我

タイムアタック 目標5分
分　秒

読もう

❶ 市長が来訪する。（　　）

❷ 密着取材をする。（　　）

❸ 日が暮れてふと我に返る。（　　）（　　）

❹ 密林で暮らす。（　　）（　　）

❺ 大河の流域。（　　）

❻ 古い友人が訪ねてくる。（　　）

書こう

❶ □《われ》々は国会を□《ほう》問する。

❷ 地□《いき》と□《みつ》接に関わる。

❸ 日が□《く》れてから□《たず》ねる。

❹ 秘《ひ》□《みつ》を守る。

❺ 気ままな□《く》らしをする。

❻ この海□《いき》の特色をまとめる。

□問正解！ 満点になるまでおさらいしよう！

答えは121ページ

月　日

17 分数のかけ算 ⑥

タイムアタック目標5分
分　秒

★ くふうして計算しましょう。

例題

$(●+▲)\times■=●\times■+▲\times■$

❶ $\left(\frac{1}{5}+\frac{2}{3}\right)\times\frac{15}{16}=\frac{1}{5}\times$ ㋐ $\frac{15}{16}$ $+\frac{2}{3}\times$ ㋑ $\frac{15}{16}$

$=$ ㋒□ $+\frac{10}{16}=$ ㋓□

$●\times■+▲\times■=(●+▲)\times■$

❷ $\frac{5}{7}\times\frac{15}{16}+\frac{2}{7}\times\frac{15}{16}=\left(\right.$ ㋔ $\frac{5}{7}+\frac{2}{7}$ $\left.\right)\times\frac{15}{16}=$ ㋕□

❸ $\left(\frac{5}{6}+\frac{3}{4}\right)\times\frac{12}{7}=$

❹ $\left(\frac{14}{45}+\frac{7}{18}\right)\times\frac{30}{49}=$

❺ $18\times\left(\frac{2}{9}+\frac{1}{6}\right)=$

❻ $\frac{3}{5}\times\frac{3}{8}+\frac{2}{5}\times\frac{3}{8}=$

❼ $\frac{7}{3}\times\frac{4}{25}+\frac{8}{3}\times\frac{4}{25}=$

□問正解！満点になるまでおさらいしよう！

答えは121ページ

18 漢字のまとめ ②

タイムアタック 目標5分
分　秒

読もう

❶ 幕末（　　）にとられた城の写真。

❷ 私（　　）はいつも専門家（　　）に聞く。

❸ 翌日（　　）から勤（　　）め始めた。

❹ 地域（　　）に密接（　　）した記事。

❺ 階段（　　）に視線（　　）を向ける。

❻ 簡単（　　）な処理（　　）をほどこす。

書こう

❶ □□《かんちょう》時の海　□《ぞ》い。

❷ □《はげ》しくおこる　□《すがた》を見る。

❸ 家庭□《ほう》問の日。

❹ 夕□《ぐ》れの陽光がまぶしい。

❺ 解決□《さく》を考える。

❻ □《しゅう》職が決まる。

□問正解！満点になるまでおさらいしよう！

答えは121ページ

月　日

18 計算のまとめ①
分数のかけ算

タイムアタック 目標5分
分　秒

★ 次の問題に答えましょう。

・計算をしましょう。

❶ $\frac{3}{5}\times\frac{2}{7}=$

❷ $\frac{5}{8}\times\frac{16}{15}=$

❸ $\frac{4}{9}\times 8=$

❹ $2\frac{1}{4}\times\frac{5}{6}=$

❺ $\frac{4}{21}\times\frac{14}{3}\times\frac{9}{8}=$

❻ $\frac{2}{5}\times 2\frac{2}{7}\times\frac{25}{8}=$

❼ $\left(\frac{1}{6}+\frac{3}{4}\right)\times\frac{36}{7}=$

❽ $\frac{8}{13}\times\frac{2}{11}+\frac{5}{13}\times\frac{2}{11}=$

・次の数の逆数を答えましょう。

❾ $\frac{3}{8}$　（　　　）

❿ $\frac{1}{10}$　（　　　）

⓫ 5　（　　　）

⓬ 0.25　（　　　）

・□にあてはまる不等号を答えましょう。

⓭ 3 □ $3\times\frac{7}{4}$

⓮ $\frac{2}{5}$ □ $\frac{2}{5}\times\frac{5}{6}$

□問正解！ 満点になるまでおさらいしよう！

答えは122ページ

19 討・除・至・裁・厳

タイムアタック 目標5分
分　秒

読もう

❶ 厳しい指導。（　）

❷ 裁決に至る。（　）（　）

❸ 至急庭の除草が必要だ。（　）（　）

❹ 討論《ろん》会を開く。（　）

❺ 形が異《こと》なるものを除く。（　）

❻ 厳格に裁く。（　）（　）

書こう

❶ ようやく□《じょ》幕《まく》式に□《いた》る。

❷ □《げん》重に警《けい》護する。

❸ □《さい》判のあり方を□《とう》論する。

❹ 寒さの□《きび》しい冬□《じ》の日。

❺ □《さば》きを受ける。

❻ 道路の土砂《しゃ》を□《のぞ》く。

□問正解！満点になるまでおさらいしよう！

答えは122ページ

19 分数のわり算 ①

タイムアタック目標5分　　分　秒

★ 次の計算をしましょう。

例題

❶ $\frac{4}{9} \div 2 = \frac{\square\ \cancel{4}}{9 \times \cancel{2}\ \square} = \frac{\square}{\square}$

$\frac{▲}{●} \div ■ = \frac{▲}{● \times ■}$

❷ $\frac{1}{3} \div 2 =$

❸ $\frac{3}{5} \div 4 =$

❹ $\frac{5}{9} \div 5 =$

❺ $\frac{6}{11} \div 3 =$

❻ $\frac{7}{3} \div 28 =$

❼ $\frac{5}{6} \div 30 =$

❽ $\frac{4}{7} \div 10 =$

❾ $\frac{12}{5} \div 9 =$

❿ $\frac{8}{15} \div 6 =$

⓫ $\frac{16}{9} \div 18 =$

⓬ $\frac{12}{5} \div 24 =$

⓭ $\frac{25}{6} \div 100 =$

□問正解！満点になるまでおさらいしよう！

答えは122ページ

月　日

20 垂・穴・捨・俵・縦

タイムアタック 目標5分
分　秒

読もう

❶ 垂直な線を探《さが》す。

❷ 穴に土砂《しゃ》を捨てる。

❸ 俵の長さを縦に測る。

❹ 額のあせが垂れる。

❺ 答えを四捨五入する。

❻ 列島縦断の探検《たんけん》をする。

書こう

❶ □《たて》に□《たわら》を並《なら》べる。

❷ 水を□《た》らして□《あな》を開ける。

❸ 一《いっ》□《ぴょう》も米を□《す》ててはいけない。

❹ □《すい》線を引く。

❺ 取□《しゃ》選たくする。

❻ 飛行機を操《そう》□《じゅう》する。

□問正解！ 満点になるまでおさらいしよう！

答えは122ページ

月　日

20 分数のわり算 ②

タイムアタック 目標 5分
分　秒

★ 次の計算をしましょう。

例題

❶ $\frac{3}{8} \div \frac{4}{5} = \frac{3}{8} \times \frac{\text{㋐ } 5}{\text{㋑ } 4} = \text{㋒ } \frac{\square}{\square}$

わる数の逆数をかける。

❷ $\frac{1}{5} \div \frac{5}{6} =$

❸ $\frac{2}{7} \div \frac{1}{9} =$

❹ $\frac{5}{9} \div \frac{3}{5} =$

❺ $\frac{7}{6} \div \frac{7}{4} =$

❻ $\frac{4}{3} \div \frac{8}{9} =$

❼ $\frac{1}{8} \div \frac{1}{6} =$

❽ $\frac{8}{3} \div \frac{4}{7} =$

❾ $\frac{9}{2} \div \frac{3}{4} =$

□問正解！満点になるまでおさらいしよう！

答えは
122ページ

月　日

21 展・覧・優・脳・創

タイムアタック 目標5分　分　秒

読もう

❶ 歴代優勝（　）者の一覧（　）表。

❷ 展（　）示品がそろう。

❸ 大脳（　）のはたらき。

❹ 学校を創（　）った人の像。

❺ 美術品を創（　）造する。

❻ 個展（　）を開く。

書こう

❶ 新たな画法を□《つく》り出す。

❷ □□《てんらん》会に絵を出す。

❸ 各国の首□《のう》が集まる。

❹ □《ゆう》しゅうな頭□《のう》。

❺ 学校の□《そう》立記念日。

❻ 書類を回□《らん》する。

□問正解！ 満点になるまでおさらいしよう！

答えは122ページ

21 分数のわり算 ③

タイムアタック 目標 5分
分　秒

★ 次の計算をしましょう。

例題

❶ $2 \div \frac{3}{8} = \frac{2}{1} \times \frac{8}{3} = \frac{\square}{\square}$

（ア 2、イ 1、ウ 8、エ 3、オ □）

分母が1の分数になおす

❷ $1\frac{2}{5} \div \frac{7}{9} = \frac{7}{5} \times \frac{9}{7} = \frac{\square}{\square}$

（カ 7、キ 5、ク 9、ケ 7、コ □）

仮分数になおす

❸ $3 \div \frac{2}{7} =$

❹ $2 \div \frac{1}{4} =$

❺ $\frac{1}{9} \div 5 =$

❻ $\frac{3}{4} \div 6 =$

❼ $1\frac{1}{7} \div \frac{3}{4} =$

❽ $2\frac{2}{5} \div \frac{6}{7} =$

❾ $1\frac{1}{4} \div 3\frac{4}{7} =$

❿ $2\frac{5}{8} \div 1\frac{1}{6} =$

□問正解！ 満点になるまでおさらいしよう！

答えは
122ページ

22 預・樹・若・頂・蚕

タイムアタック目標5分
分　秒

読もう

① 蚕のまゆを家で預かる。

② 頂点をきわめる。

③ 養蚕業がさかんだ。

④ 預金を使って果樹園を買う。

⑤ 若者が山の頂に立つ。

⑥ 勝者のかんむりを頂く。

書こう

① 養□《さん》をして絹《きぬ》を生産する。

② □《ちょう》上付近の□《じゅ》木。

③ 山の□《いただき》への道を熟《じゅく》知する。

④ □《かいこ》の糸を□《あず》ける。

⑤ 青々とした□《わか》い葉。

⑥ 雪を□《いただ》く山々。

□問正解！満点になるまでおさらいしよう！

答えは122ページ

月　　日

22 分数のわり算④

タイムアタック目標5分　　分　　秒

★ かけ算になおして計算しましょう。

例題

❶ $0.9 \div \frac{3}{5} = \frac{㋐\ 9}{㋑\ 10} \times \frac{㋒\ 5}{㋓\ 3} = ㋔\ \frac{\square}{\square}$

（0.9 → 小数を分数になおす）

❷ $1.5 \div \frac{4}{9} =$

❸ $0.4 \div \frac{2}{7} =$

❹ $\frac{1}{5} \div 0.7 =$

❺ $\frac{7}{8} \div 1.4 =$

★ □にあてはまる不等号を答えましょう。（計算をせずに考えましょう。）

例題

❻ $3 \ \square\ 3 \div \frac{5}{6}$

（わる数<1）（商>わられる数）

❼ $5 \div \frac{4}{3}\ \square\ 5$

（わる数>1）（商<わられる数）

❽ $\frac{5}{9}\ \square\ \frac{5}{9} \div \frac{7}{4}$

❾ $\frac{1}{8} \div \frac{3}{5}\ \square\ \frac{1}{8}$

□問正解！満点になるまでおさらいしよう！

答えは122ページ

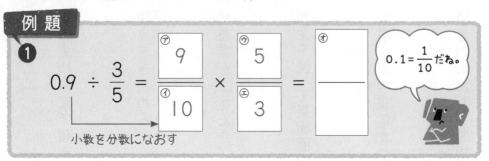

月　日

23 肺・臓・骨・腹・系

タイムアタック 目標5分
分　秒

読もう

❶ 肺（　）えんにかかる。

❷ じん臓（　）の検査をする。

❸ 足の骨（　）を折る。

❹ 腹（　）痛《つう》で消化器系（　）を調べる。

❺ しっかりとした骨（　）格。

❻ 自分に腹（　）を立てる。

書こう

❶ 魚の□《ほね》がのどにひっかかる。

❷ 内□《ぞう》の病気で□《ふく》部が痛《いた》む。

❸ 転んで□《こっ》折する。

❹ 心□《ぞう》と□《はい》。

❺ □《はら》八分目で食べ終わる。

❻ 銀河□《けい》を探《たん》査する。

□問正解！満点になるまでおさらいしよう！

答えは122ページ

23 計算のまとめ② 分数のわり算

タイムアタック 目標 5 分

分　秒

★ 次の問題に答えましょう。

・計算をしましょう。

❶ $\frac{7}{10} \div \frac{5}{3} =$

❷ $\frac{1}{6} \div \frac{5}{9} =$

❸ $\frac{2}{3} \div \frac{6}{7} =$

❹ $\frac{9}{14} \div \frac{3}{4} =$

❺ $4 \div \frac{8}{15} =$

❻ $\frac{3}{7} \div 6 =$

❼ $1\frac{3}{4} \div \frac{14}{15} =$

❽ $1\frac{1}{8} \div 1\frac{4}{5} =$

❾ $\frac{1}{10} \div \frac{3}{5} =$

❿ $\frac{7}{20} \div \frac{7}{8} =$

⓫ $\frac{4}{9} \div 1\frac{1}{4} =$

⓬ $\frac{3}{4} \div \frac{1}{8} =$

・□にあてはまる不等号を答えましょう。

⓭ 9 □ $9 \div \frac{8}{9}$

⓮ $\frac{7}{9} \div \frac{8}{5}$ □ $\frac{7}{9}$

□問正解！満点になるまでおさらいしよう！

答えは122ページ

24 漢字のまとめ ③

タイムアタック 目標5分
分　秒

読もう

❶ 腹（　）痛《つう》（　）の原因を調べる。

❷ 討（　）論《ろん》で断《だん》然優（　）位に立つ。

❸ 蚕（　）にとって厳（　）しい気候。

❹ 展（　）覧（　）会の開さいに至（　）る。

❺ 各国の首脳（　）による植樹（　）。

❻ かん臓（　）と肺（　）のしくみ。

書こう

❶ 大会で□《ゆう》勝した。

❷ 山の□《いただき》でゴミは□《す》てない。

❸ 氷の□《あな》からつり糸を□《た》らす。

❹ □《わか》者を□《のぞ》いた人数。

❺ □《よ》金を下ろす。

❻ ロケットを操《そう》□《じゅう》してみたい。

□問正解！満点になるまでおさらいしよう！

答えは123ページ

月　日

24 分数のかけ算・わり算

タイムアタック 目標 5分

分　秒

★ 次の計算をしましょう。

❶ $\frac{2}{5} \div \frac{1}{3} \times \frac{5}{9} =$

❷ $\frac{1}{4} \times \frac{8}{9} \div \frac{5}{6} =$

❸ $\frac{2}{9} \div \frac{7}{18} \div \frac{4}{5} =$

❹ $\frac{3}{8} \div \frac{12}{5} \div \frac{5}{4} =$

❺ $\frac{7}{10} \div 5 \times \frac{5}{3} =$

❻ $\frac{8}{5} \times \frac{3}{4} \div \frac{8}{15} =$

❼ $\frac{9}{20} \div 1\frac{1}{4} \div \frac{1}{5} =$

□ 問正解！ 満点になるまでおさらいしよう！

答えは
123ページ

25 装・宝・遺・庁・補

タイムアタック 目標5分
分　秒

読もう

❶ 遺せきの中で宝を発見。（　）（　）

❷ 服装を整える。（　）

❸ 宝石を買う。（　）

❹ 足りない部分を補う。（　）

❺ 選挙に立候補する。（　）

❻ 県庁に勤《つと》める。（　）

書こう

❶ 軽□《そう》で出かける。

❷ □《たから》探《さが》しに行くための□《そう》備。

❸ 国□《ほう》の説明を□《おぎな》う。

❹ □《い》産を相続する。

❺ 解説を□《ほ》足する。

❻ 省□《ちょう》の組織図。

□問正解！ 満点になるまでおさらいしよう！

答えは123ページ

25 分数の計算

タイムアタック 目標5分
分　秒

★ 次の計算をしましょう。

❶ $\frac{2}{5}+\frac{1}{3}\div\frac{5}{9}=$

❷ $\left(\frac{1}{3}+\frac{1}{5}\right)\div\frac{1}{6}=$

❸ $\frac{3}{5}\times1\frac{1}{4}+\frac{7}{8}\div\frac{3}{4}=$

❹ $1\frac{7}{10}\div\frac{4}{5}-1\frac{1}{9}\times1\frac{4}{5}=$

❺ $\left(\frac{1}{3}+\frac{1}{4}\right)\div\frac{1}{2}-\frac{1}{3}=$

❻ $\left(\frac{5}{7}\times\frac{1}{10}+\frac{3}{7}\right)\div\frac{5}{7}-\frac{2}{5}=$

❼ $\frac{9}{20}\div\frac{5}{4}\div\left(\frac{1}{5}\times\frac{1}{2}+\frac{1}{10}\right)=$

□問正解！ 満点になるまでおさらいしよう！

答えは123ページ

月　日

26 宇・宙・射・模・操

タイムアタック 目標5分
分　秒

読もう

❶ 矢を射（　）る。

❷ ラジオ体操（　）に参加する。

❸ 宇宙服（　）を着る。

❹ 規模（　）を小さくする。

❺ ロケットを発射（　）する。

❻ 絵画を模写（　）する。

書こう

❶ □《う》□《ちゅう》船を□《そう》作する。

❷ 遠くの的を□《い》る。

❸ 太陽の光を反□《しゃ》する。

❹ 飛行機の□《も》型を飛ばす。

❺ 大規□《ぼ》なスポーツし設。

❻ ボートを□《そう》縦《じゅう》する。

□問正解！満点になるまでおさらいしよう！

答えは123ページ

26 分数・小数の計算 ①

タイムアタック 目標5分
分　秒

★ 次の計算をしましょう。

❶ $\frac{2}{3} \div 0.8 \times \frac{9}{10} =$

❷ $0.25 \div \frac{2}{3} \times \frac{8}{9} =$

❸ $\frac{3}{7} \times 0.8 \div \frac{9}{14} =$

❹ $\frac{8}{7} \div 0.4 - \frac{13}{14} =$

❺ $\frac{5}{6} \times 0.5 \times 4 \div \frac{10}{21} =$

❻ $\frac{9}{14} \div 0.3 \div \frac{4}{7} =$

❼ $\frac{2}{5} \div 0.75 \times \frac{3}{10} =$

□問正解！満点になるまでおさらいしよう！

答えは
123ページ

27 著・権・冊・枚・郵

タイムアタック目標5分　分　秒

読もう

❶ 大枚（　　）をはたく。

❷ 郵便局（　　）で働く。

❸ 一冊（　　）の本を読む。

❹ 手紙を郵送（　　）する。

❺ 権利（　　）を主張する。

❻ 著者（　　）の写真をのせる。

書こう

❶ □《ゆう》便ポストを利用する。

❷ 別□《さつ》を発行する。

❸ 名□《ちょ》といわれる数□《さつ》の本。

❹ □《まい》数を数える。

❺ 経営の実□《けん》をにぎる。

❻ 作品の□《ちょ》作□《けん》を持つ。

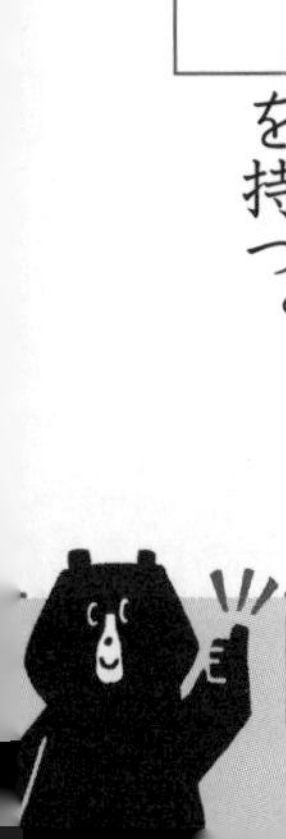

□問正解！満点になるまでおさらいしよう！

答えは123ページ

月　日

27 分数・小数の計算 ②

タイムアタック 目標5分
分　秒

★ 次の計算をしましょう。

❶ $\left(\frac{3}{2}+4\right)\div 1.5=$

❷ $10\times\frac{1}{5}\times 1.5=$

❸ $\left(\frac{2}{3}\times 0.1+2\right)\div\frac{1}{15}=$

❹ $1\frac{1}{3}\div\left(\frac{2}{3}-\frac{1}{6}\right)\times 0.2=$

❺ $1.5-2.5\div\frac{5}{2}=$

❻ $(14+0.5)\times\frac{1}{2}+1.75=$

□ 問正解！満点になるまでおさらいしよう！

答えは
123ページ

月　日

28 紅・朗・純・幼・善

タイムアタック 目標5分
分　秒

読もう

1 幼少のころの明朗な性格。

2 紅茶を飲む。

3 善い行いをする。

4 紅色に染《そ》める。

5 善意から行動する。

6 幼い子の純真な心。

書こう

1 □《こう》白のぼうしをかぶる。

2 かれは□《じゅん》すいな□《ぜん》人だ。

3 口□《べに》を買う。

4 □《よう》ち園で本の□《ろう》読をする。

5 □《おさな》いころの思い出。

6 □《よ》い心を持つ。

□問正解！満点になるまでおさらいしよう！

答えは123ページ

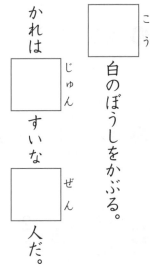

月　日

28 計算のまとめ③
分数・小数の計算

タイムアタック 目標**5**分

分　秒

★ 次の計算をしましょう。

❶ $2\times\frac{3}{7}\div0.5=$

❷ $0.21\times7\div4.2=$

❸ $\frac{3}{10}\div4\div1.5=$

❹ $2.5+3\div\frac{3}{4}=$

❺ $\left(2+\frac{1}{3}\right)\div\frac{5}{3}-0.5\times2=$

❻ $\left(\frac{3}{2}-0.5+\frac{2}{5}\div\frac{3}{10}\right)\times\frac{2}{7}=$

□問正解！満点になるまでおさらいしよう！

答えは
123ページ

月　日

29 忠・誠・仁・衆・乱

タイムアタック 目標5分　分　秒

読もう

❶ 誠意（　　）をこめて謝罪する。

❷ 忠義（　　）をつくす。

❸ 大衆（　　）が各地で反乱（　　）を起こす。

❹ 文字が乱（　　）れる。

❺ 仁愛（　　）の心を持つ。

❻ 調子を乱（　　）す。

書こう

❶ 飛行機が□《らん》気流にあう。

❷ □□《ちゅうせい》心が□《みだ》れる。

❸ □《じん》義を守る。

❹ 民□《しゅう》と話し合う。

❺ 列を□《みだ》す。

❻ □《せい》実な対応をする。

□問正解！満点になるまでおさらいしよう！

答えは123ページ

月　日

29 円の面積 ①

タイムアタック目標 5分
分　秒

★ 次の図形の面積を求めましょう。（円周率は 3.14 とします。）

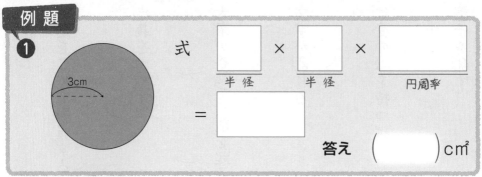

例題

❶

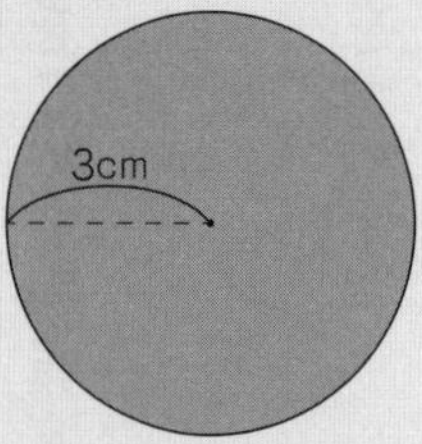

式 □ × □ × □
（半径）（半径）（円周率）

＝ □

答え（　　　）㎠

❷

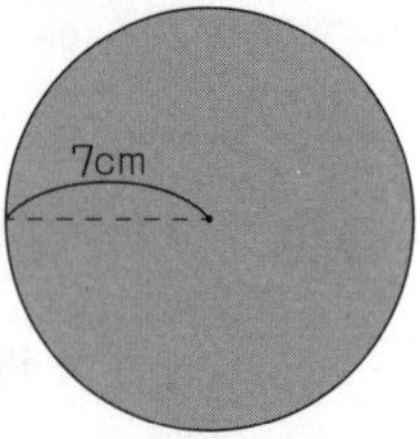

式

答え（　　　）㎠

❸

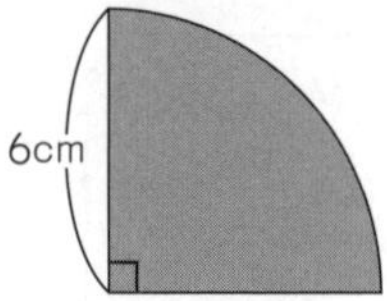

式

答え（　　　）㎠

❹

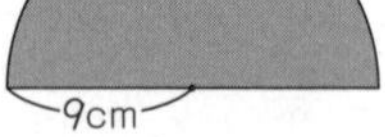

式

答え（　　　）㎠

□問正解！ 満点になるまでおさらいしよう！

答えは123ページ

月　日

30 漢字のまとめ④

タイムアタック 目標5分

分　秒

読もう

❶ 宝石（　　）とそっくりの模造（　　）品。

❷ 操作（　　）が少し乱れ（　　）る。

❸ 郵便（　　）で兄に朗報（　　）が届《とど》く。

❹ 幼児（　　）向けの絵本の著者（　　）。

❺ 忠誠（　　）をちかう。

❻ 善悪（　　）を判断する。

書こう

❶ □《い》作を一□《さつ》の本にする。

❷ □《う》□《ちゅう》からの放□《しゃ》線。

❸ 燃料を□《ほ》給する。

❹ 民□《しゅう》の持つ□《けん》利。

❺ □《じゅん》すいな気持ち。

❻ 工場で新しい□《そう》置を使う。

□問正解！　満点になるまでおさらいしよう！

答えは123ページ

月　日

30 円の面積 ②

タイムアタック 目標5分
分　秒

★ 次の図形の面積を求めましょう。(円周率は 3.14 とします。)

❶ 色のついた部分の面積

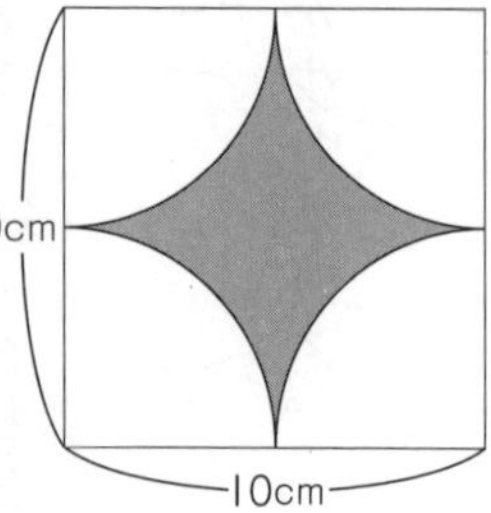

式

答え (　　　　)cm²

❷ 色のついた部分の面積

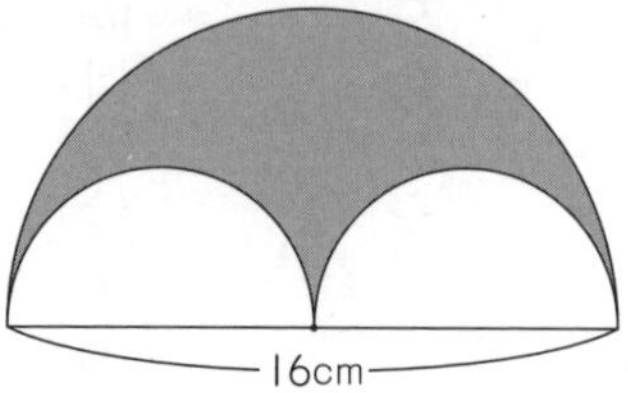

式

答え (　　　　)cm²

❸ 色のついた部分の面積

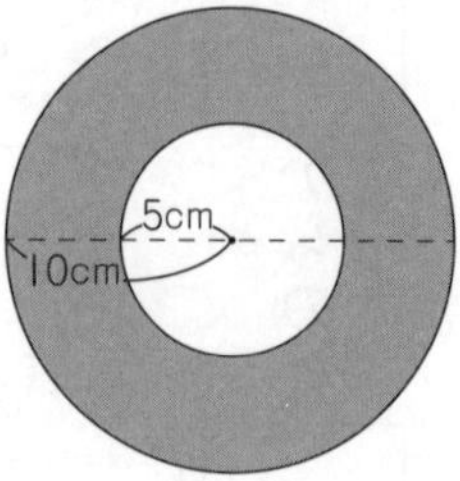

式

答え (　　　　)cm²

❹ 色のついた部分の面積

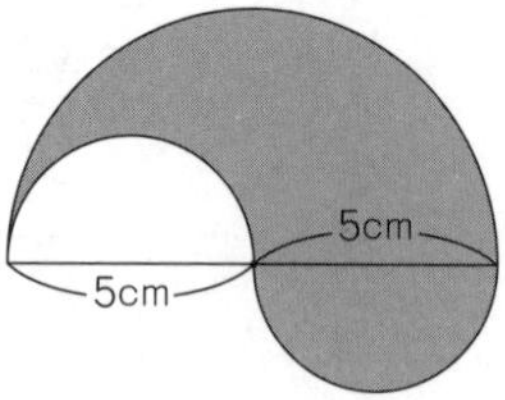

式

答え (　　　　)cm²

□問 正解！ 満点になるまでおさらいしよう！

答えは 123ページ

月　日

31 傷・看・収・納・暖

タイムアタック 目標5分

分　秒

読もう

❶ 看護師がそっと傷口を洗《あら》う。

❷ 感傷的な気分になる。

❸ 長年の争いが収まる。

❹ 暖ぼうで部屋を暖める。

❺ 暖かな毛布を収納する。

❻ 商品を店に納める。

書こう

❶ 国に税金を□《おさ》める。

❷ 温□《だん》な気候。

❸ □《あたた》かい日ほど□《しゅう》益がある。

❹ 試合で勝利を□《おさ》める。

❺ □《きず》薬を□《のう》品する。

❻ 負□《しょう》者を□《かん》病する。

□問正解！満点になるまでおさらいしよう！

答えは124ページ

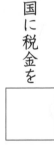

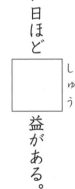

月　日

31 角柱と円柱の体積 ①

タイムアタック 目標 5分

分　秒

★ 次の三角柱や四角柱の体積を求めましょう。

例題

❶

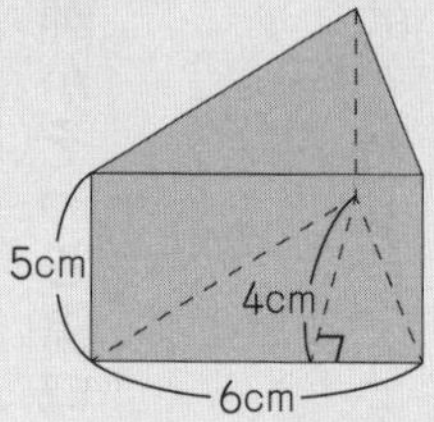

式 $(\square \times \square \div \square) \times \square$

（底面積）（高さ）

$= \square$

答え（　　）cm³

❷

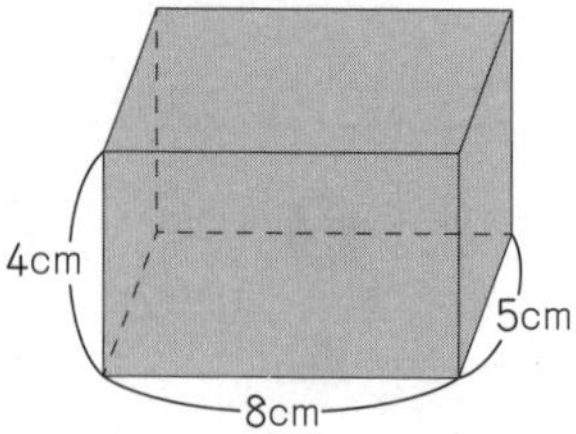

式

答え（　　）cm³

❸

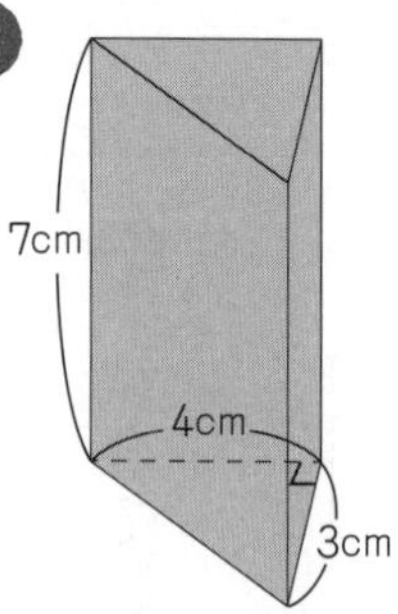

式

答え（　　）cm³

❹

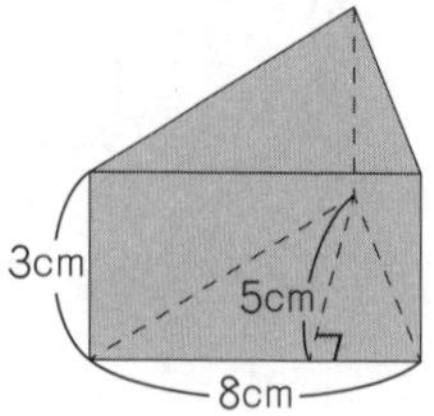

式

答え（　　）cm³

❺

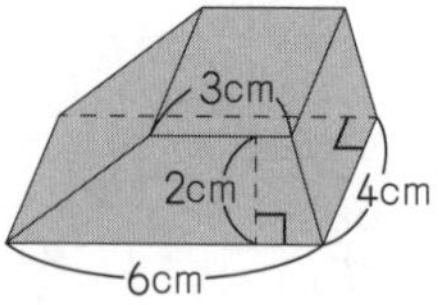

式

答え（　　）cm³

□問正解！ 満点になるまでおさらいしよう！

答えは124ページ

月　日

32 縮・尺・値・巻・銭

タイムアタック目標5分
分　秒

読もう

❶ 巻き尺で長さを測る。

❷ 図形を縮小する。

❸ 上巻のみの値段《だん》をきく。

❹ 価値のある巻物。

❺ 銭湯に行く。

❻ セーターが縮む。

書こう

❶ 本の□《かん》頭で感謝を述べる。

❷ 地図の□□《しゅくしゃく》を見る。

❸ たつ□《まき》の風速の平均□《ち》。

❹ □《ま》きつけた毛糸が□《ちぢ》まる。

❺ 身を□《ちぢ》めてかくれる。

❻ 一□《せん》たりとも□《ね》引きしない。

□問正解！ 満点になるまでおさらいしよう！

答えは124ページ

月　日

32 角柱と円柱の体積 ②

タイムアタック 目標 5分

分　秒

★ 次の円柱の体積を求めましょう。(円周率は 3.14 とします。)

例題

❶ 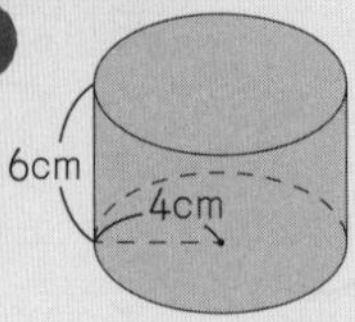

式 (□ × □ × □) × □

底面積　　高さ

= □

答え (　　　) cm³

❷ 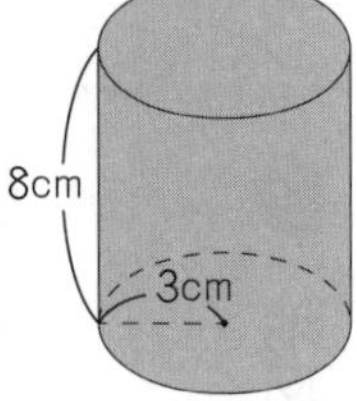

式

答え (　　　) cm³

❸ 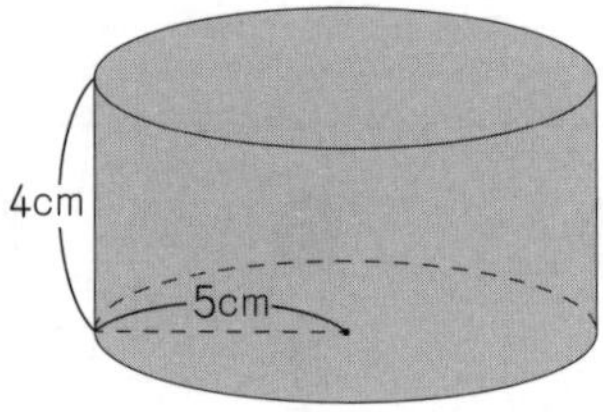

式

答え (　　　) cm³

❹ 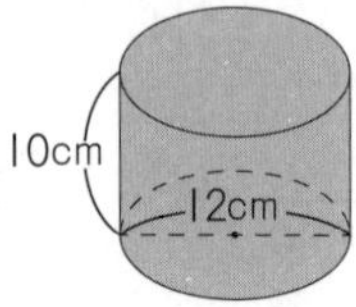

式

答え (　　　) cm³

❺ 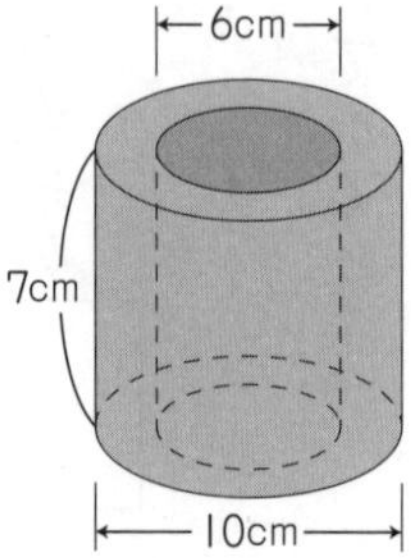

式

答え (　　　) cm³

□ 問 正解！ 満点になるまでおさらいしよう！

答えは 124ページ

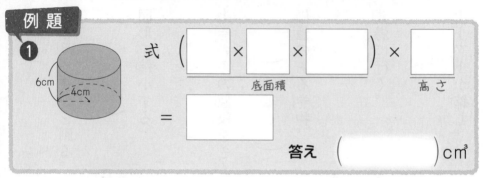

月　日

33 背・筋・棒・敵・恩

タイムアタック 目標5分
分　秒

読もう

❶ 背面とびと棒高とび。（　）（　）

❷ 重荷を背負う。（　）

❸ 背筋がぴんとのびる。（　）

❹ 筋力のある敵兵。（　）（　）

❺ 背比べをする。（　）

❻ 恩師との思い出。（　）

書こう

❶ 強□《てき》と戦う。

❷ □《ぼう》状の荷物を□《せ》負う。

❸ 話の□《すじ》を通す。

❹ □《はい》□《きん》力を測定する。

❺ □《おん》人にむくいる。

❻ アブラムシの天□《てき》。

□問正解！満点になるまでおさらいしよう！

答えは124ページ

月　日

33 およその面積や体積

タイムアタック 目標 5分

分　秒

★ およその面積や体積を求めましょう。

例題

❶ 池の面積 ——→ だいたい三角形とみることができる

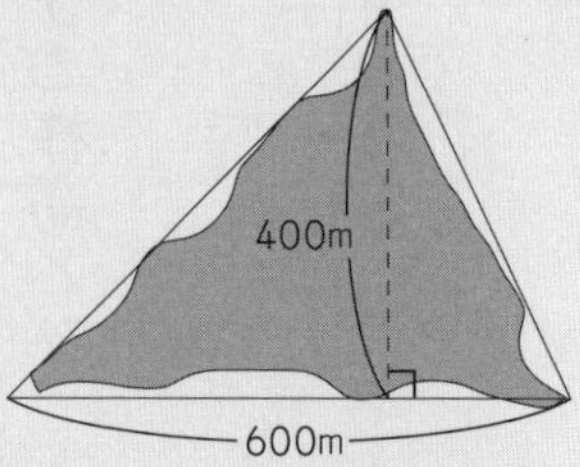

式

答え（　　　　）㎡

❷ 水そうの容積 ——→ だいたい直方体とみることができる

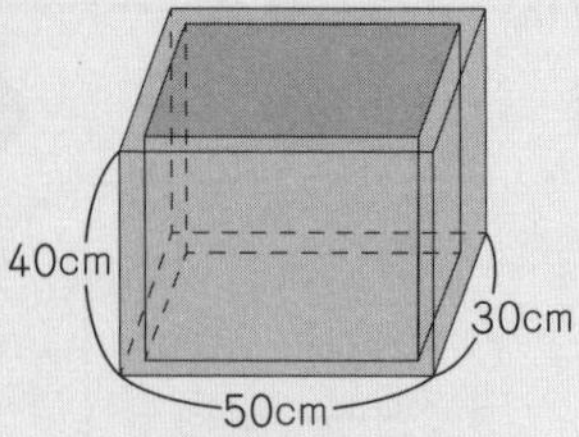

式

答え（　　　　）㎤

❸ 湖の面積

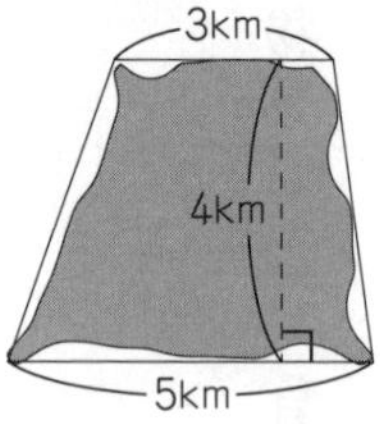

式

答え（　　　　）k㎡

❹ ケーキの体積

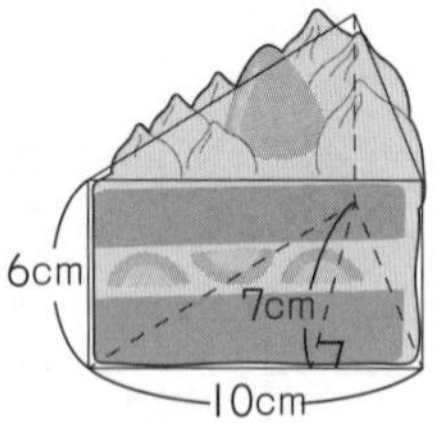

式

答え（　　　　）㎤

□問 正解！ 満点になるまでおさらいしよう！

答えは124ページ

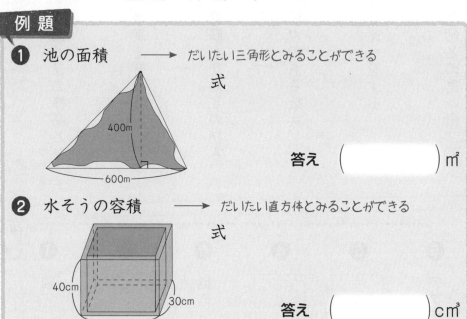

34 寸・穀・閉・誤・熟

タイムアタック 目標5分
分　秒

読もう

❶ 穀物の倉庫を閉じる。（　）（　）

❷ 寸法を誤って記入する。（　）（　）

❸ 家の戸が閉まる。（　）

❹ 式が閉会する。（　）

❺ 誤報が流れる。（　）

❻ 果実が熟す。（　）

書こう

❶ □《へい》店時間□《すん》前に店を出る。

❷ 目を□《と》じる。

❸ 内容を□《ご》解する。

❹ □《こく》類を研究する。

❺ 機は□《じゅく》した。

❻ □《あやま》ってドアを□《し》める。

□問正解！　満点になるまでおさらいしよう！

答えは124ページ

月　日

34 比①

タイムアタック目標5分

分　秒

例題

★　コーヒーをコップ2はい分と、牛乳《ぎゅうにゅう》をコップ3ばい分を合わせてミルクコーヒーをつくります。

❶　コーヒーと牛乳の量の割合を比で表しましょう。

コーヒー：牛乳 = □ : □

（コーヒーの量）（牛乳の量）

❷　①の比の値《あたい》を求めましょう。

式　2 ÷ 3　=　―――

答え（　　　）

★　次の量の割合を比で表して、比の値を求めましょう。

・長方形の縦《たて》5cmと横8cmの長さの割合

❸　比

縦：横 =（　　　）

❹　比の値

式

答え（　　　）

・箱の中の赤玉17個と白玉19個の個数の割合

❺　比

赤玉：白玉 =（　　　）

❻　比の値

式

答え（　　　）

□問正解！　満点になるまでおさらいしよう！

答えは124ページ

35 揮・批・党・閣・論

タイムアタック 目標5分
分　秒

読もう

❶ 実力を発揮する。（　　）

❷ 政策《さく》を批評する。（　　）

❸ 政党を立ち上げる。（　　）

❹ 新しい内閣。（　　）

❺ 議論が白熱する。（　　）

❻ 入閣が決まる。（　　）

書こう

❶ 内□《かく》総理大臣を任命する。

❷ □《とう》内で□《ろん》争がおこる。

❸ 組□《かく》を発表する。

❹ 指□《き》者を□《ひ》判する。

❺ □《とう》首に反□《ろん》する。

❻ ガソリンは□《き》発油の一つだ。

□問正解！ 満点になるまでおさらいしよう！

答えは124ページ

35 比 ②

タイムアタック 目標 5 分

分　秒

★ □にあてはまる数をかきましょう。

例題

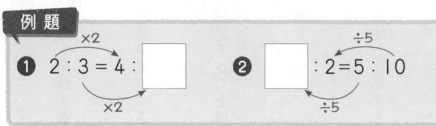

❶ $2 : 3 = 4 : \square$ （$\times 2$、$\times 2$）

❷ $\square : 2 = 5 : 10$ （$\div 5$、$\div 5$）

❸ $3 : 4 = 9 : \square$

❹ $5 : \square = 20 : 12$

★ 次の比を簡単にしましょう。

例題

❺ $9 : 18 =$ $1 : 2$ （両方の数を9でわる）

❻ $\frac{1}{3} : \frac{1}{2} =$ $\frac{2}{6} : \frac{3}{6}$ （通分して考える）

$= \square$ （$\frac{1}{6}$をもとにする）

❼ $16 : 40 =$

❽ $\frac{5}{6} : \frac{5}{9} =$

❾ $1.2 : 2.7 =$

❿ $0.4 : 2 =$

□問正解！ 満点になるまでおさらいしよう！

答えは124ページ

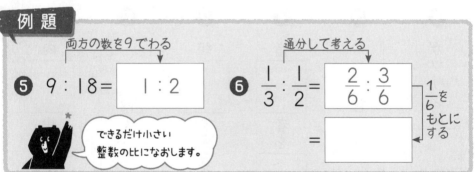

月　日

36 漢字のまとめ⑤

タイムアタック 目標5分

分　秒

読もう

❶ 穀物だけを納めた倉庫。

❷ 熱で紙が縮れる。

❸ 部屋を暖めて看病する。

❹ 誤りをしっかり批判する。

❺ 議論がようやく熟した。

❻ 門を閉める敵軍。

書こう

❶ □《きん》肉をきたえる。

❷ □《きず》口に包帯を□《ま》く。

❸ 足が□《ぼう》のようになる。

❹ □《とう》首が内□《かく》に入る。

❺ 本の□《ね》段《だん》をたずねる。

❻ 一□《すん》の虫にも五分のたましい

□問正解！ 満点になるまでおさらいしよう！

答えは125ページ

月　日

36 比の利用①

タイムアタック目標5分
分　秒

★ 次の問題に答えましょう。

例題

❶ 縦《たて》と横の長さの比が3：4である長方形をかきます。横の長さを20cmにするとき、縦の長さは何cmになりますか。

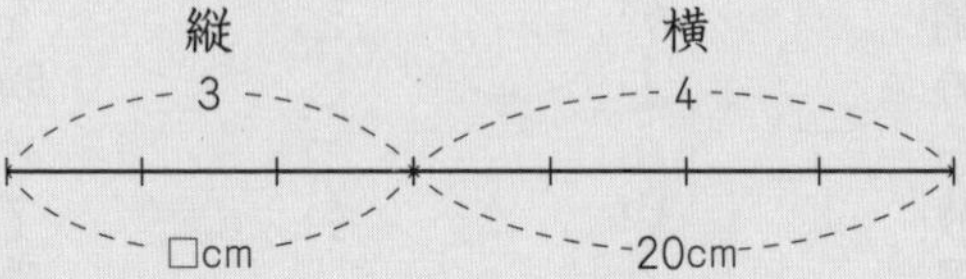

式　$20 \times \boxed{\frac{3}{4}} = \square$

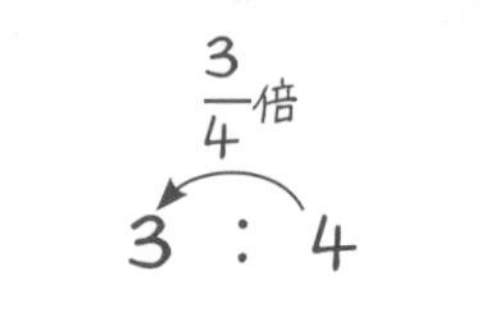

答え（　　　）cm

❷ 砂糖《さとう》と小麦粉の重さの比を2：3にしてケーキをつくります。小麦粉を240g使うとき、砂糖は何g必要ですか。

式

答え（　　　）g

❸ 大きいビンと小さいビンの容積の比は5：2です。
大きいビンの容積が900mLのとき、小さいビンの容積は何mLですか。

式

答え（　　　）mL

□問正解！満点になるまでおさらいしよう！

答えは125ページ

37 泉・誕・卵・糖・乳

タイムアタック目標5分
分　秒

読もう

❶ 乳牛を飼う。（　）

❷ 乳しぼりの仕事をする。（　）

❸ 砂《さ》糖と二つ卵を使う料理。（　）（　）

❹ 誕生日のケーキ。（　）

❺ 泉の水を飲む。（　）

❻ 温泉につかる。（　）

書こう

❶ 牛□《にゅう》と□《たまご》。

❷ □《にゅう》製品に□《とう》分を加える。

❸ 子犬が□《たん》生する。

❹ 水を□《いずみ》からくむ。

❺ 牛の□《ちち》をバターに加工する。

❻ 湯の源《げん》□《せん》を探《さが》す。

□問正解！満点になるまでおさらいしよう！

答えは125ページ

月　日

37 比の利用 ②

タイムアタック目標5分
分　秒

★ 次の問題に答えましょう。

例題

❶ かなこさんは、30枚の折り紙をかなこさんと妹の折り紙の比が2：3になるように分けることにしました。妹の折り紙は何枚ですか。

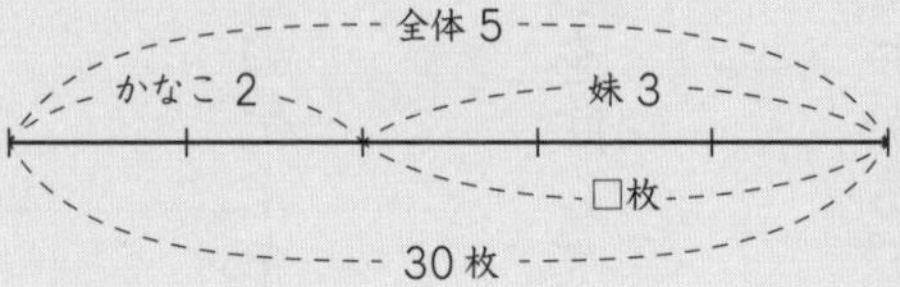

式　30×$\frac{3}{5}$＝□

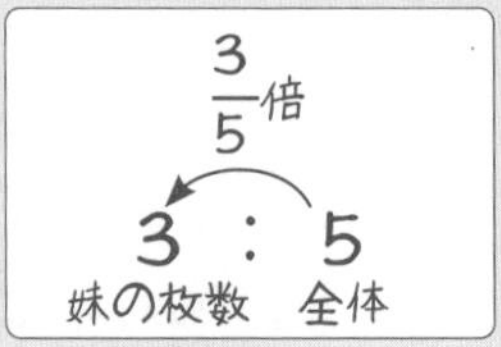

答え（　　）枚

❷ ミルクティーを140mLつくろうと思います。牛乳《ぎゅうにゅう》と紅《こう》茶《ちゃ》を3：4の割合で混ぜるとき、牛乳は何mL必要ですか。

式

答え（　　）mL

❸ まさきさんとお兄さんは、お金を出し合って、1200円のサッカーボールを買うことにしました。まさきさんとお兄さんが3：5の割合でお金を出し合うとき、お兄さんが出すお金は何円ですか。

式

答え（　　）円

□問正解！満点になるまでおさらいしよう！

答えは125ページ

38 盟・署・臨・諸・探

タイムアタック 目標5分
分　秒

読もう

❶ 他国と同盟を結ぶ。（　　）

❷ 臨海合宿へ行く。（　　）

❸ ハワイ諸島を訪《おとず》れる。（　　）

❹ 警《けい》察署に勤《つと》める。（　　）

❺ 読みたかった本を探す。（　　）

❻ 月を探査する。（　　）

書こう

❶ □《しょ》国を旅する。

❷ □《りん》時のちゅう車場を□《さが》す。

❸ □《めい》友の幸せを願う。

❹ 加□《めい》には□《しょ》事情がある。

❺ 消防□《しょ》の見学をする。

❻ 地下の金属を□《たん》知する。

□問 正解！ 満点になるまでおさらいしよう！

答えは125ページ

月　日

38 計算のまとめ④ 比

タイムアタック 目標5分

分　秒

★ 次の比を簡単にしましょう。

❶ 8 : 20

❷ 18 : 6

❸ 25 : 150

❹ 91 : 65

❺ $\frac{3}{4}:\frac{1}{3}$

❻ 6 : 1.5

★ 次の問題に答えましょう。

❼ 大きい箱と小さい箱の重さの比は8 : 3です。小さい箱の重さが240gであるとき、大きい箱の重さは何gですか。

式

答え（　　　）g

❽ けんたさんのクラスで、兄弟がいる人といない人の比は4 : 1です。クラス全体の人数が30人のとき、兄弟のいない人は何人ですか。

式

答え（　　　）人

□問正解！満点になるまでおさらいしよう！

答えは125ページ

39 宗・律・己・宣・承

タイムアタック 目標5分
分　秒

読もう

❶ 利己的な行動。（　）

❷ 新しい法律。（　）

❸ 承にんを得る。（　）

❹ 自己の責任。（　）

❺ 病名を宣告される。（　）

❻ 宗教を広める活動。（　）

書こう

❶ 自□《こ》を□《りつ》する。

❷ 事情を□《しょう》知する。

❸ 新しい店の□《せん》伝。

❹ 大声で□《せん》言する。

❺ □《しゅう》派《は》が異《こと》なる。

❻ 全員を一□《りつ》にあつかう。

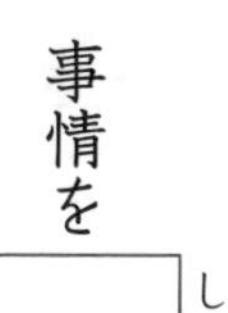

□問正解！満点になるまでおさらいしよう！

答えは125ページ

39 拡大図と縮図

タイムアタック目標5分
分　秒

★ 次の四角形EFGH《イーエフジーエイチ》は、四角形ABCD《エービーシーディー》の2倍の拡大《かくだい》図《ず》です。

拡大図 → 形を変えないで大きくした図

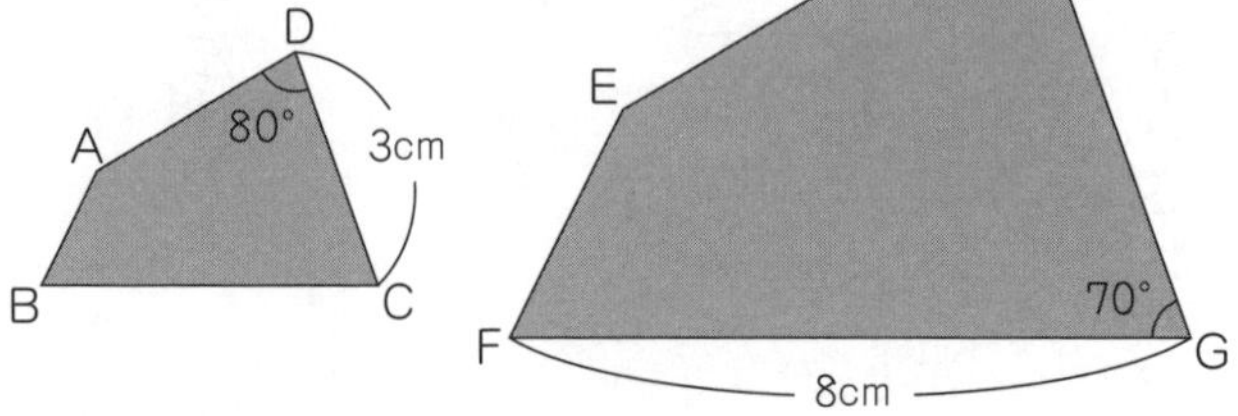

❶ 角Hの大きさは何度ですか。　（　　　　）°

❷ 辺HGの長さは何cmですか。　（　　　　）cm

❸ 角Cの大きさは何度ですか。　（　　　　）°

❹ 辺BCの長さは何cmですか。　（　　　　）cm

★ 次の四角形ABCDの$\frac{1}{2}$倍の縮《しゅく》図《ず》EFGHをかきましょう。

縮図 → 形を変えないで小さくした図

❺

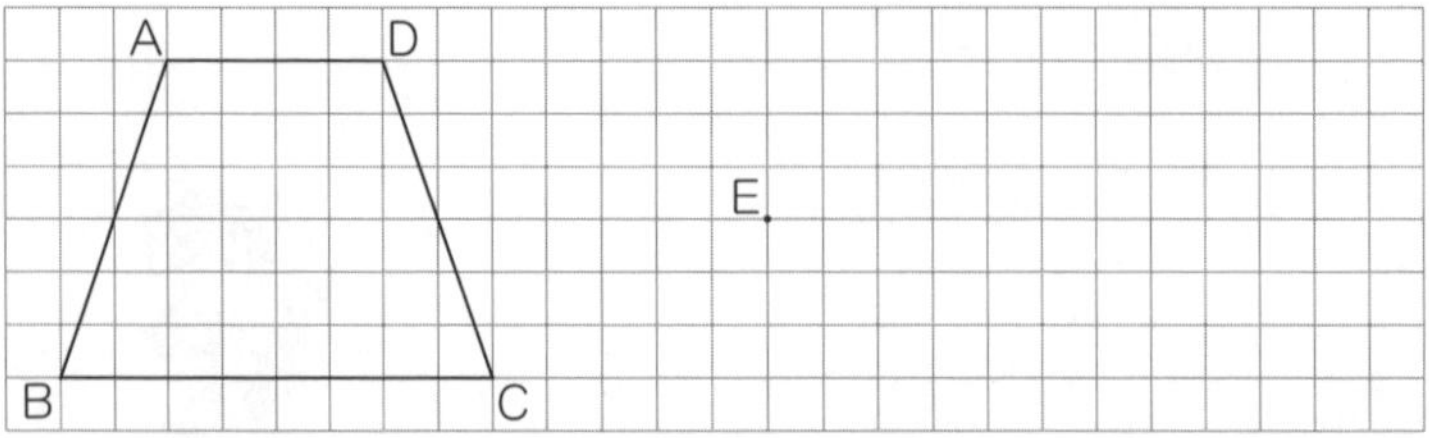

□問正解！満点になるまでおさらいしよう！

答えは125ページ

月　日

40 皇・后・陛・奏・並

タイムアタック 目標5分
分　秒

読もう

1. 皇后陛下のお姿《すがた》。
2. 楽器で合奏する。
3. 並木道の絵をかざる。
4. 天皇家の人々が並ばれる。
5. 一列に並べる。
6. ピアノの独奏をきく。

書こう

1. 天□《のう》□《へい》下のご職務。
2. □《こう》太□《ごう》のお写真。
3. □《こう》居の周りを走る。
4. □《なみ》のうで前ではない演□《そう》。
5. 行ぎよく□《なら》ぶ。
6. おはじきを□《なら》べる。

□問正解！ 満点になるまでおさらいしよう！

答えは125ページ

40 縮図の利用

タイムアタック 目標5分
分　秒

例題

★ 右の図は、学校のまわりの $\frac{1}{10000}$ の縮《しゅく》図《ず》です。

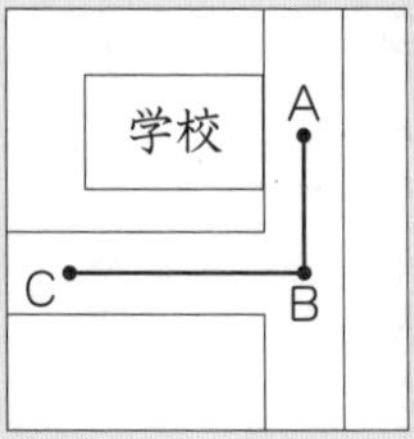

❶ この縮図では、BC《ビーシー》の長さは5cmです。BCの実際のきょりは何mですか。

(　　　　)m

❷ A《エー》Bの実際の長さは300mです。この縮図では、ABの長さは何cmですか。

(　　　　)cm

★ 右の図は $\frac{1}{50000}$ の縮図です。

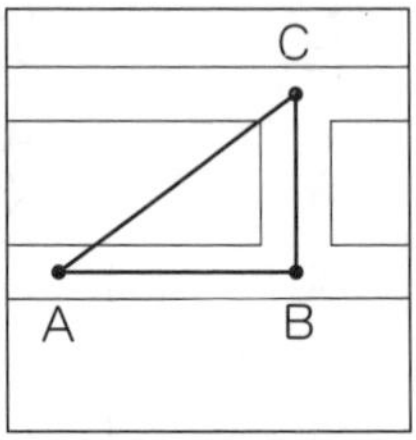

❸ この縮図では、BCの長さは6cmです。BCの実際のきょりは何kmですか。

(　　　　)km

❹ ACの実際のきょりは5kmです。この縮図では、ACの長さは何cmですか。

(　　　　)cm

□問 正解！ 満点になるまでおさらいしよう！

答えは125ページ

41 降・劇・延・俳・退

タイムアタック 目標5分
分　秒

読もう

❶ 延べ面積を計算する。

❷ 降水量を測る。

❸ 延長戦後に退場する。

❹ 雨が降っても退かない。

❺ 俳優《ゆう》が演劇に出る。

❻ 電車を降りる。

書こう

❶ □《こう》雨で試合が□《えん》期になる。

❷ 敵《てき》軍を□《しりぞ》ける。

❸ □《ふ》り続く雨を□《はい》句によむ。

❹ □《たい》院の日を□《の》ばす。

❺ 友人を車から□《お》ろす。

❻ □《げき》団の公演日が□《の》びる。

□問正解！満点になるまでおさらいしよう！

答えは125ページ

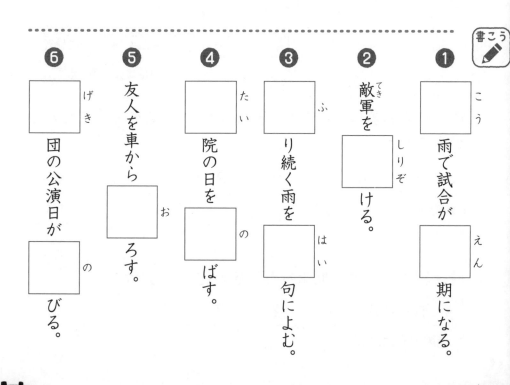

月　日

41 比例①

タイムアタック 目標 5分
分　秒

★ x《エックス》、y《ワイ》の関係について、表のあいているところをうめましょう。

例題

・横の長さが4cm、縦《たて》の長さが x cmの長方形の面積 y cm²

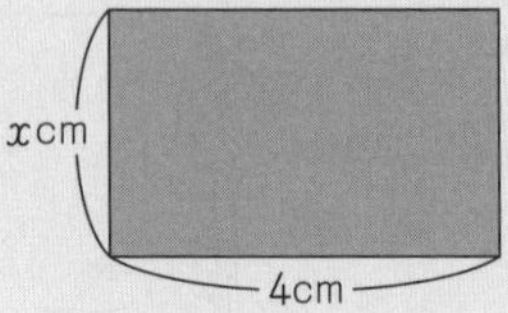

2倍　3倍

縦の長さ(cm)	1	2	3	4	5	6
面　　積(cm²)	4	㋐	㋑	㋒	㋓	㋔

㋕ 倍　㋖ 倍

x の値《あたい》が2倍、3倍、…になると
y の値も2倍、3倍、…になる
⇓
y は x に比例する

・直方体の容器に1分ごとに3cmずつ x 分間水を入れたときの水の深さ y cm

時　　間(分)	1	2	3	4	5	6
水の深さ(cm)	3	㋗	㋘	㋙	㋚	18

・時速35kmで x 時間走ったときの道のり y km

時　間(時間)	1	2	3	4	5	6
道のり(km)	㋛	㋜	㋝	㋞	㋟	㋠

□ 問正解！ 満点になるまでおさらいしよう！

答えは125ページ

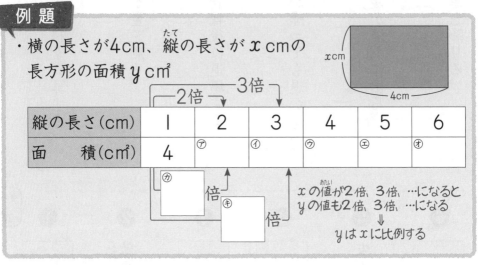

42 漢字のまとめ ⑥

タイムアタック 目標5分
分　秒

読もう

❶ 卵からヒナが誕生する。

❷ 皇后陛下自らが演奏される。

❸ 俳優が並んで礼をする。

❹ 辞退の知らせを聞く。

❺ 宗教家になる。

❻ 牛乳に砂《さ》糖を加える。

書こう

❶ □《げき》中の人物。

❷ 消防□《しょ》を□《さが》す。

❸ 同□《めい》を□《せん》言する。

❹ □《りん》時のバスから□《お》りる。

❺ 法□《りつ》が制定される。

❻ 会議が□《えん》期される。

□問正解！満点になるまでおさらいしよう！

答えは125ページ

42 比例②

タイムアタック 目標5分
分　秒

★ 次の x《エックス》と y《ワイ》の関係を式に表しましょう。

例題

❶ 底辺が3cmの平行四辺形の高さ x cmと面積 y cm²

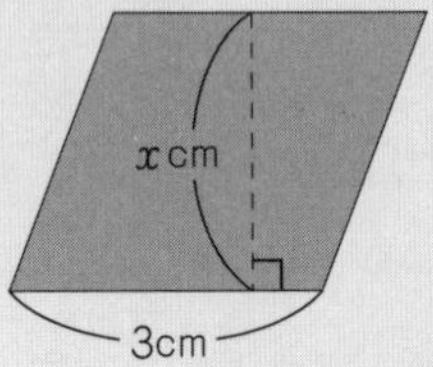

y＝□×x

↑
きまった数

y÷x＝きまった数

❷ 分速250mで走ったときの、走る時間 x 分と道のり y m

答え（　　　　　　）

❸ 水そうに、1分間に1.8cmずつ水を入れていくときの、水を入れる時間 x 分と水の深さ y cm

答え（　　　　　　）

❹ 1辺の長さが x cmである正方形のまわりの長さ y cm

答え（　　　　　　）

□問正解！ 満点になるまでおさらいしよう！

答えは126ページ

43 困・済・聖・詞・難

タイムアタック 目標5分
分　秒

読もう

❶ 道に迷い困る。

❷ 会計を済ます。

❸ 貧困から救済する。

❹ 難しい歌詞。

❺ 聖書を読む。

❻ 非難を浴びる。

書こう

❶ □□《こんなん》をきわめる。

❷ 借りたお金を返□《さい》する。

❸ □《むずか》しい問題を解く。

❹ □《せい》者の話を伝える。

❺ 食事が□《す》む。

❻ 作□《し》がはかどらず□《こま》る。

□問正解！ 満点になるまでおさらいしよう！

答えは126ページ

43 比例③

タイムアタック目標5分
分　秒

★ 次の問題に答えましょう。

例題

❶ 底辺が10cmの平行四辺形の、高さx《エックス》cmと面積y《ワイ》cm^2の関係を表すグラフをかきましょう。

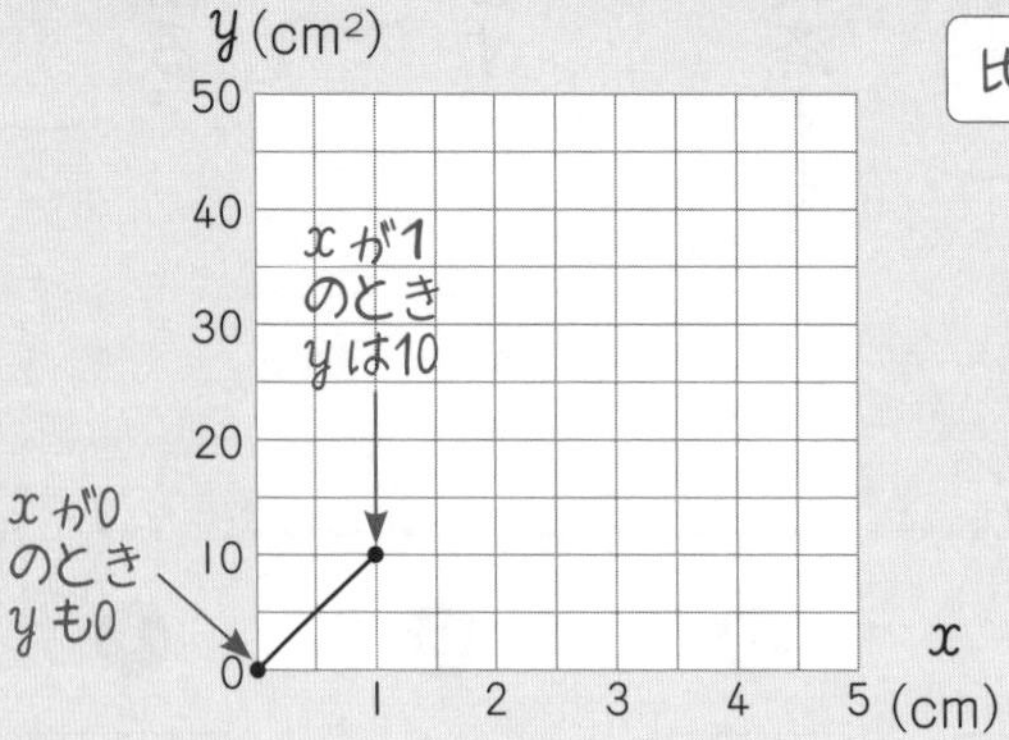

比例のグラフは直線

❷ 水そうに、1分間に2.5cmずつ水を入れていくときの、水を入れる時間x分と水の深さ$y$cmの関係を表すグラフをかきましょう。

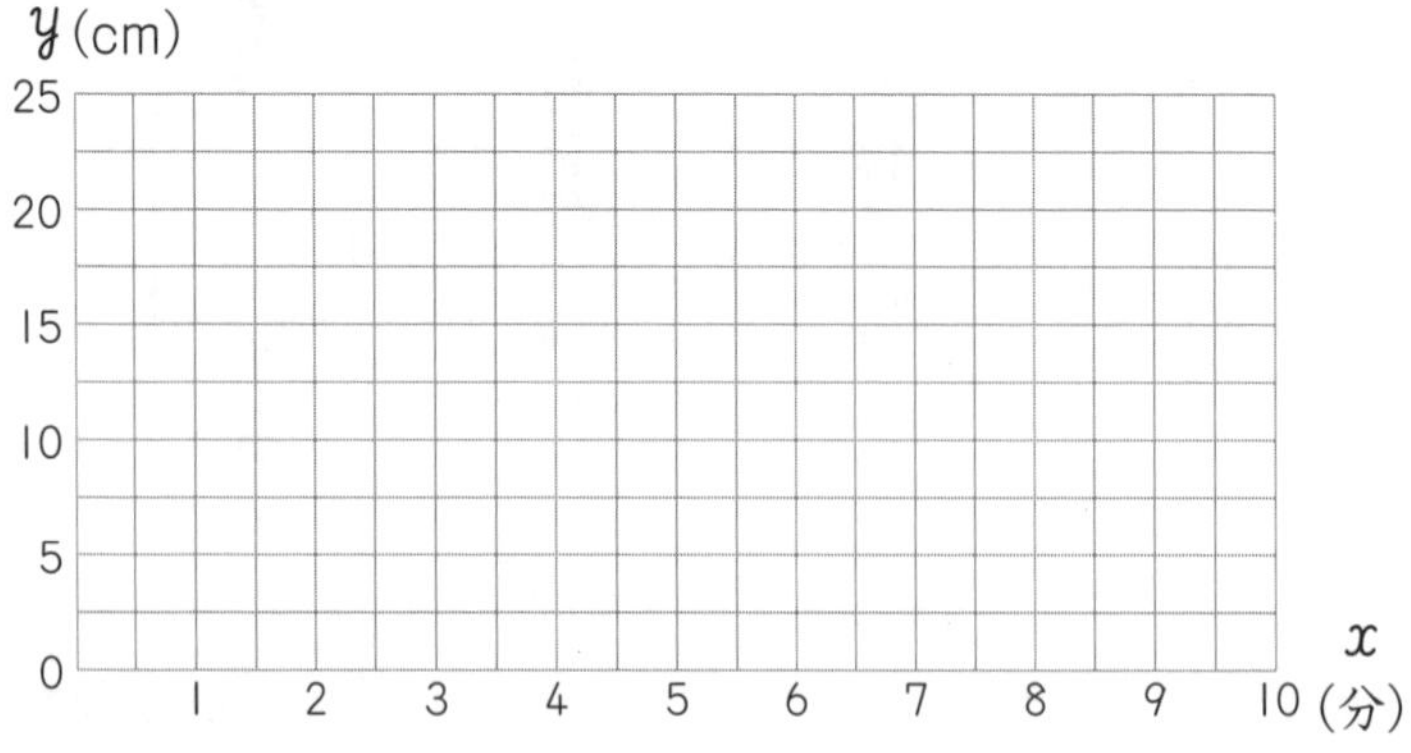

□問正解！満点になるまでおさらいしよう！

答えは126ページ

44 灰・拡・派・染

タイムアタック 目標5分
分　秒

読もう

❶ 灰色の空。

❷ 虫めがねで拡大する。

❸ 新たな問題が派生する。

❹ 青く染めた布を洗《あら》う。

❺ 空が赤く染まる。

❻ 火山灰が降《ふ》る。

書こう

❶ 学□《は》の間にかべがある。

❷ 火山□《ばい》が□《かく》散する。

❸ 道路□《かく》張に反対する。

❹ 毛糸を赤く□《そ》める。

❺ 別の問題が□《は》生する。

❻ きれいな色に□《そ》められた服。

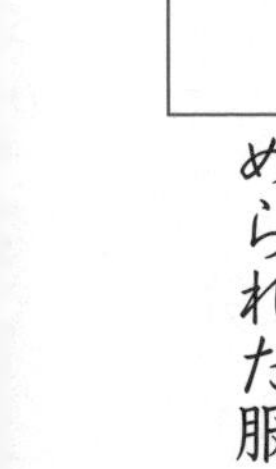

□問正解！ 満点になるまでおさらいしよう！

答えは126ページ

月　日

44 反比例 ①

タイムアタック目標5分
分　秒

★ x《エックス》、y《ワイ》の関係について、表のあいているところをうめましょう。

例題

・面積が24cm²の長方形で、縦《たて》の長さ x cmと横の長さ y cm

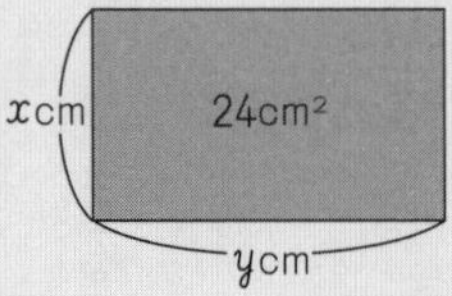

2倍 → 2、3倍 → 3

縦の長さ(cm)	1	2	3	4	5	6
横の長さ(cm)	24	㋐ 12	㋑	㋒	㋓	㋔

㋕□倍 → 12、㋖□倍 → ㋑

x の値《あたい》が2倍、3倍、…になると、
y の値は $\frac{1}{2}$ 倍、$\frac{1}{3}$ 倍、…になる
⇓
y は x に反比例する

・30Lの水そうに1分間に x Lずつ水を入れたとき、水そうがいっぱいになるまでにかかる時間 y 分

水の量(L)	1	2	3	4	5	6
時　間(分)	㋗	㋘	㋙	㋚	㋛	㋜

・2520mの道のりを分速 x mで走るときにかかる時間 y 分

分　速(m)	50	60	70	80	90	100
時　間(分)	㋝	㋞	㋟	㋠	㋡	㋢

□問正解！満点になるまでおさらいしよう！

答えは126ページ

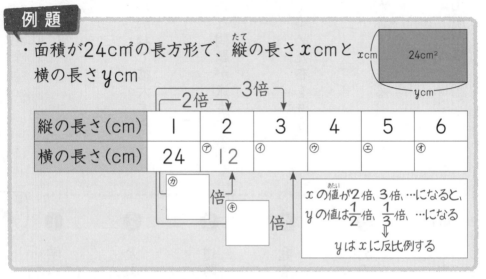

45 磁・針・障・異

タイムアタック 目標5分
分　秒

読もう

❶ 障害物を取り除《のぞ》く。

❷ 時計の針が三時を指す。

❸ 方位磁針で方角を知る。

❹ 異なる意見を言う。

❺ ぬい針を探《さが》す。

❻ 異常気象が続く。

書こう

❶ 鉄は□《じ》石《しゃく》にくっつく。

❷ 今後の方□《しん》を決める。

❸ □《こと》なる地方の文化を知る。

❹ 支□《しょう》がないように考える。

❺ □《い》変は海域《いき》内で発生した。

❻ □《はり》と糸で服をぬう。

□問正解！　満点になるまでおさらいしよう！

答えは126ページ

月　日

45 反比例②

タイムアタック目標5分
分　秒

★ 次の x《エックス》と y《ワイ》の関係を式に表しましょう。

例題

❶ 面積が20c㎡の平行四辺形の底辺 x cmと高さ y cm

y = [　　　　] ÷ x

↑
きまった数

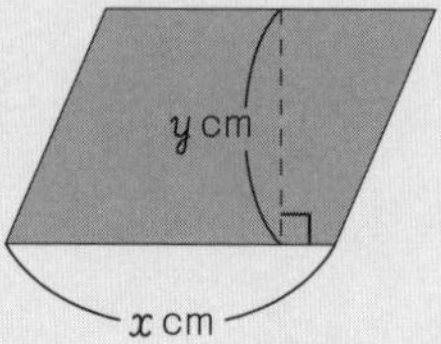

x×y=きまった数

❷ 2800mの道のりを走るときの、分速 x mと時間 y 分

答え (　　　　　　　　)

❸ 30Lの水そうに1分間に水を x Lずつ入れたとき、水そうがいっぱいになるまでにかかる時間 y 分

答え (　　　　　　　　)

❹ 面積が50c㎡である長方形の、縦《たて》の長さ x cmと横の長さ y cm

答え (　　　　　　　　)

□問 正解！ 満点になるまでおさらいしよう！

答えは126ページ

46 供・革・奮・拝

タイムアタック 目標5分　分　秒

読もう

❶ 花を供えて仏を拝む。

❷ お供を従《したが》えて参拝する。

❸ 勇気を奮う。

❹ 発奮して改革に従《したが》う。

❺ 革命に奮起する。

❻ 試供品を使う。

書こう

❶ □《ふん》起して取り組む。

❷ 旅のお□《とも》をする。

❸ □《かく》命家が現れる。

❹ 線こうを□《そな》えて□《はい》礼する。

❺ 毎朝、日の出を□《おが》む。

❻ 劇《げき》を見て興□《ふん》する。

□問正解！満点になるまでおさらいしよう！

答えは126ページ

月　日

46 反比例 ③

タイムアタック 目標 5分

分　秒

★ 面積が 60cm^2 の長方形の、縦《たて》の長さを x《エックス》cm、横の長さを y《ワイ》cm として、次の問題に答えましょう。

❶ 表のあいているところをうめましょう。

縦の長さ(cm)	1	1.5	2	3	4	5	6	7.5	10
横の長さ(cm)	㋐	㋑	㋒	㋓	㋔	㋕	㋖	㋗	㋘

❷ ❶の表の x と y の値《あたい》の組を表す点をうちましょう。

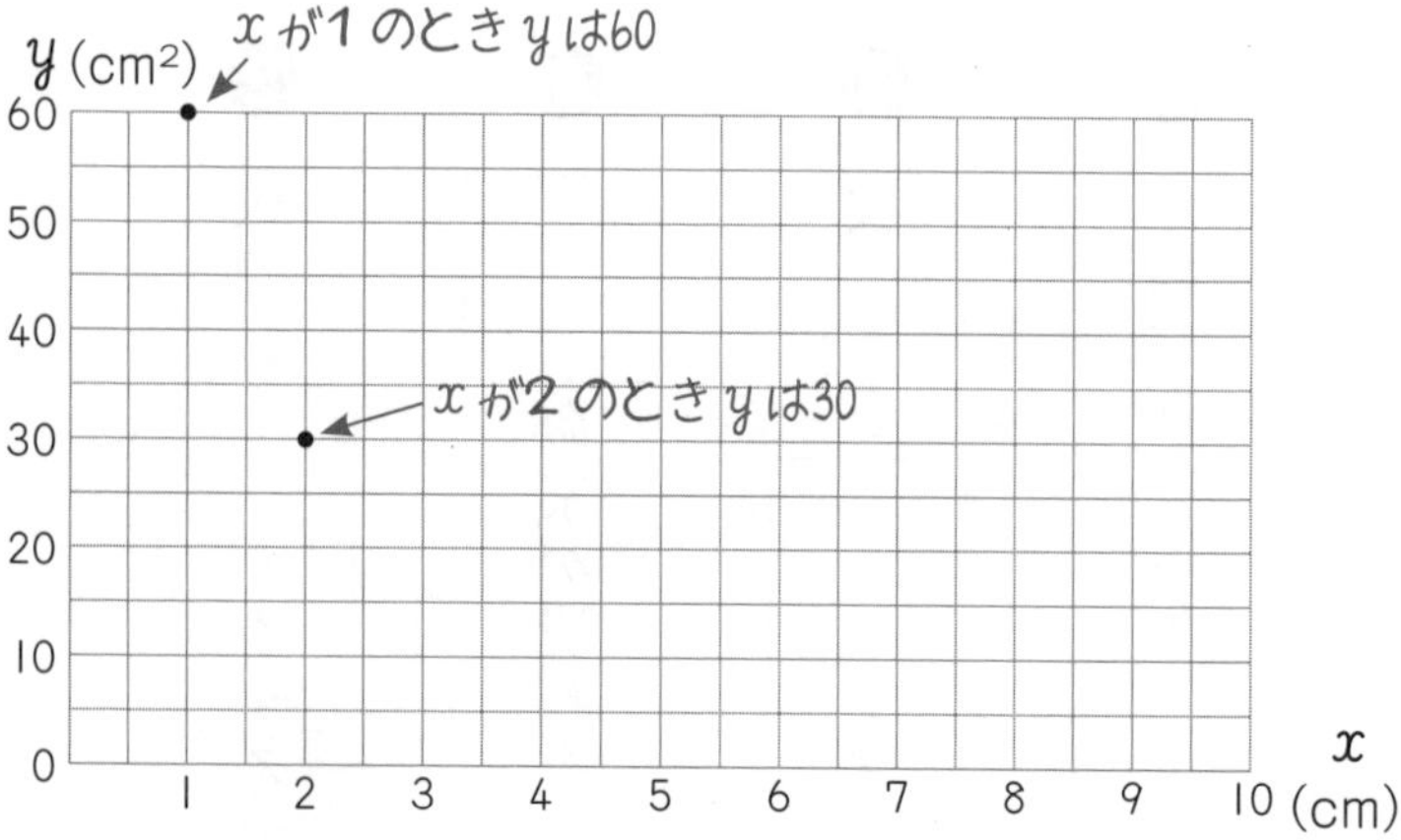

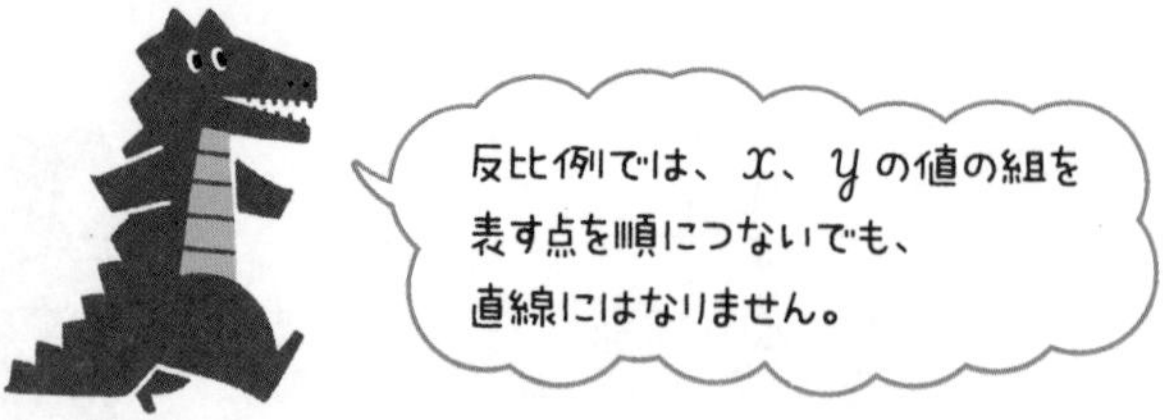

□ 問 正解！ 満点になるまでおさらいしよう！

答えは 126ページ

47 絹・鋼・株・誌

タイムアタック 目標5分

分　秒

読もう

❶ 絹のくつ下をはく。

❷ 誌面を確かめる。

❸ 会社の株を買う。

❹ 鉄鋼業に関わる。

❺ 週刊誌を読む。

❻ 蚕《かいこ》の糸から絹糸を作る。

書こう

❶ 切り□《かぶ》に座《すわ》る。

❷ □《こう》鉄でできた部品。

❸ 雑□《し》に写真がのる。

❹ □《きぬ》の布を縮《ちぢ》らす。

❺ 学級日□《し》をつける。

❻ 重い□《こう》板を運ぶ。

□問正解！　満点になるまでおさらいしよう！

答えは126ページ

月　日

47 計算のまとめ⑤ 比例・反比例

タイムアタック 目標5分
分　秒

★ 次の表のあいているところをうめましょう。

❶ 高さが6cmの三角形の底辺と面積

底辺(cm)	1	2	3	4	5	6
面積(cm²)	㋐	㋑	㋒	㋓	㋔	㋕

❷ 2400mの道のりを進んだときのかかった時間と速さ

時間(分)	5	10	15	20	25	30
分速(m)	㋐	㋑	㋒	㋓	㋔	㋕

★ 次の x《エックス》と y《ワイ》の関係を式に表しましょう。

❸ 1mの重さが18gである針金が x mあるとき、全体の重さ y g

答え（　　　　　　　　）

❹ 面積が76m²の長方形の縦《たて》の長さ x mと横の長さ y m

答え（　　　　　　　　）

□問正解！満点になるまでおさらいしよう！

答えは126ページ

48 漢字のまとめ ⑦

タイムアタック 目標5分
分　秒

読もう

❶ 改革はとても難しい。
❷ 茶色に染めた布。
❸ 聖人の教えに従《したが》う。
❹ 絹の布を洗う。
❺ 株価が下がり困る。
❻ 地域《いき》的な通信障害。

書こう

❶ うわさ話が□《かく》散する。
❷ □《じ》石《しゃく》の□《こと》なる極。
❸ お□《とも》と神社に参□《ぱい》する。
❹ 反対□《は》と雑□《し》上で討論《とうろん》する。
❺ 紙が燃えて□《はい》になる。
❻ ミシンの□《はり》を交かんする。

□問正解！ 満点になるまでおさらいしよう！

答えは126ページ

月　日

48 並べ方

タイムアタック目標5分　分　秒

★ 次の問題に答えましょう。

例題

・さとしさん、まゆみさん、あきらさんの3人が一列に並《なら》びます。

❶ 並べ方を図に表して整理しましょう。

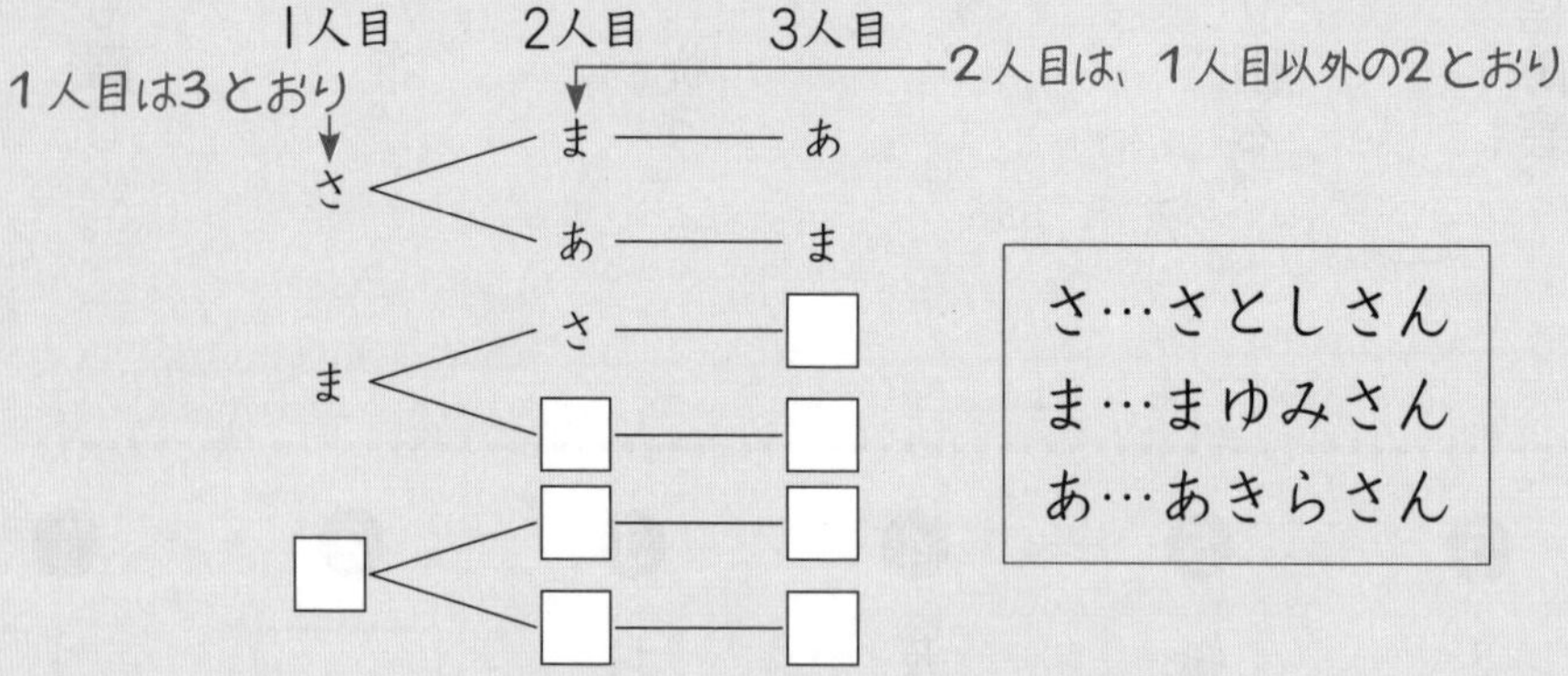

❷ 並べ方は全部で何とおりありますか。

答え（　　　）とおり

❸ 赤、青、白、黒の4色の旗を一列に並べます。
並べ方は全部で何とおりありますか。

答え（　　　）とおり

❹ 1、2、3、4の4枚《まい》のカードのうちの2枚を選んで並べてできる2けたの整数は全部で何とおりありますか。

答え（　　　）とおり

□問正解！満点になるまでおさらいしよう！

答えは127ページ

49 郷・蔵・孝・窓

タイムアタック 目標5分
分　秒

読もう

① 郷土の歴史を学ぶ。

② 蔵書を大切にする。

③ 所蔵品を確かめる。

④ 親孝行をする。

⑤ 窓を閉《し》める。

⑥ 車窓から見える郷里。

書こう

① 親にたくさん□《こう》行する。

② 望□《きょう》の思いがつのる。

③ 天□《まど》をつける。

④ 土□《ぞう》のとびらを閉《と》じる。

⑤ □《きょう》土色豊かな料理。

⑥ 同□《そう》会を開く。

□問正解！　満点になるまでおさらいしよう！

答えは127ページ

月　日

49 組み合わせ

タイムアタック 目標5分
分　秒

★ 次の問題に答えましょう。

例題

❶ A《エー》、B《ビー》、C《シー》、D《ディー》の4チームで試合をします。
どのチームも、ちがったチームと1回ずつ試合をするとき、全部で試合は何とおりありますか。

	A	B	C	D
A		○	○	○
B			○	○
C				○
D				

↑
○の数を数える

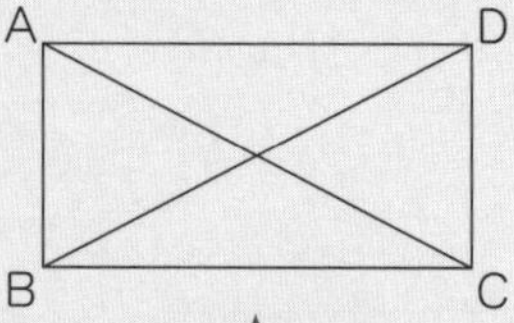

↑
線の数を数える

答え（　　　）とおり

❷ 遠足で博物館、動物園、城、展望台《てんぼうだい》の4か所から3か所を選んで行くことになりました。
3か所の選び方は全部で何とおりありますか。

答え（　　　）とおり

❸ 赤、青、黄、緑、黒の5個の球から2個を選びます。
2個の球の選び方は全部で何とおりありますか。

答え（　　　）とおり

□問正解！満点になるまでおさらいしよう！

答えは127ページ

50 層・賃・宅・届

タイムアタック目標5分
分　秒

読もう

❶ 賃貸《たい》の部屋。

❷ 多層構造の住宅。

❸ 手紙が届く。

❹ 自宅まで届ける。

❺ 高層ビルに住む。

❻ 運賃が上がる。

書こう

❶ バスの運□《ちん》をはらう。

❷ 帰□《たく》がおそくなる。

❸ 手紙を□《とど》ける。

❹ 家□《ちん》を受け取る。

❺ □《たく》配便が□《とど》く。

❻ 地□《そう》を見つける。

□問正解！満点になるまでおさらいしよう！

答えは127ページ

月　日

50 計算のまとめ⑥
並べ方・組み合わせ

タイムアタック 目標 5分

分　秒

★ 次の問題に答えましょう。

❶ れいこさん、まさるさん、かおるさん、けんとさんの4人でリレーをします。4人の走る順番は全部で何とおりありますか。

答え（　　　）とおり

❷ メダルを3回続けて投げます。表と裏《うら》の出方は全部で何とおりありますか。

答え（　　　）とおり

❸ 物語、図かん、伝記、マンガ、雑誌の5種類の本から3種類を選ぼうと思います。3種類の本の選び方は全部で何とおりありますか。

答え（　　　）とおり

❹ 1、2、3、4、5、6の6枚《まい》のカードから2枚を選ぼうと思います。2枚のカードの選び方は全部で何とおりありますか。

答え（　　　）とおり

□問正解！満点になるまでおさらいしよう！

答えは127ページ

51 忘・訳・推・裏

タイムアタック目標5分
分　秒

読もう

❶ ほん訳を読む。（　　）
❷ おくれた訳を推察する。（　　）（　　）
❸ 裏話を聞く。（　　）
❹ 忘れ物をしない。（　　）
❺ 服を裏返しにして洗《あら》う。（　　）
❻ 人口の変化を推定する。（　　）

書こう

❶ 言い□《わけ》だと感じる。
❷ 外国の□《すい》理小説を□《やく》す。
❸ 約束を□《わす》れる□《わけ》がない。
❹ □《すい》進力を高める。
❺ □《うら》表のある態度。
❻ ノートの□《うら》側に名前を書く。

□問正解！満点になるまでおさらいしよう！

答えは127ページ

51 資料の調べ方 ①

タイムアタック目標 5分
分　秒

★ 次の問題に答えましょう。

例題

❶ 次の図は、ある日に、北小屋と南小屋でにわとりが産んだ卵《たまご》の重さを数直線に表したものです。ちらばりが大きいのはどちらの小屋ですか。

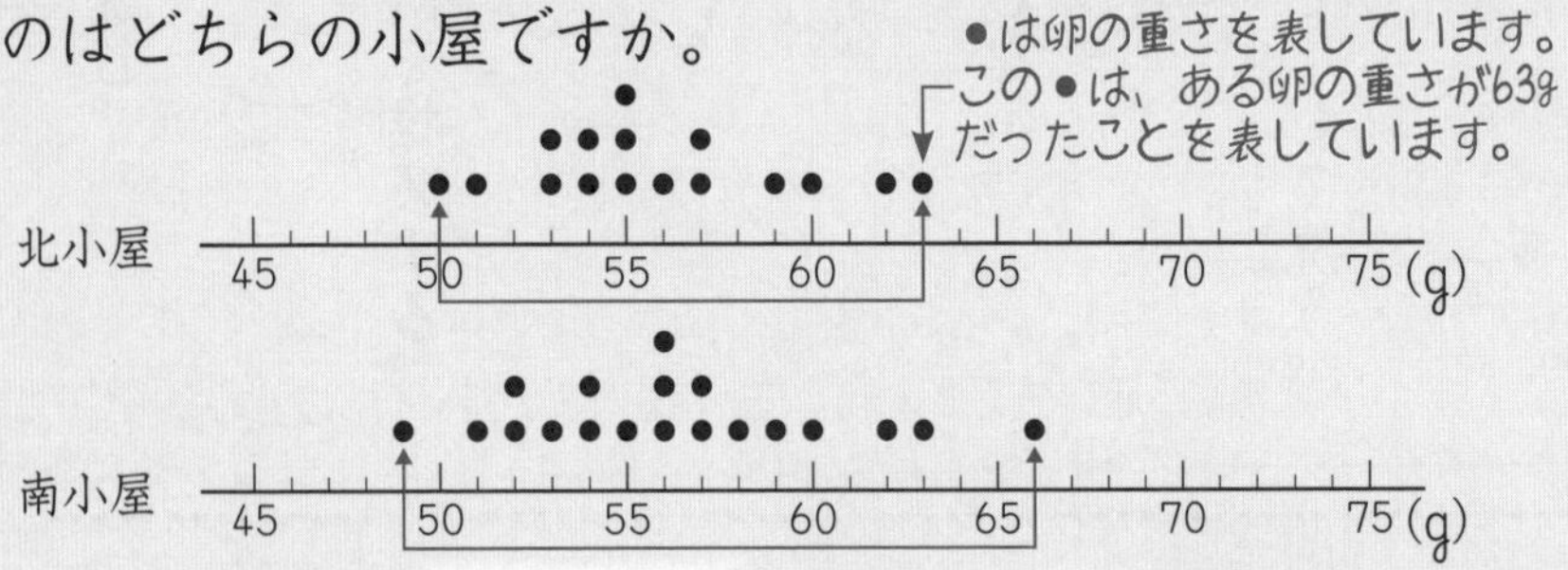

答え (　　　　)小屋のほうがちらばりが大きい

いちばん重い重さといちばん軽い重さの差が大きい

❷ 次の表は、A《エー》チームとB《ビー》チームのソフトボール投げの結果を記録したものです。❶のようにそれぞれのチームの記録を数直線に表して、ちらばりが大きいのがどちらのチームか調べましょう。

Aチーム	22	27	16	20	21	18	19	14	25	20	22	20	19	24
Bチーム	14	18	26	18	20	19	22	19	18	30	28	16	21	17

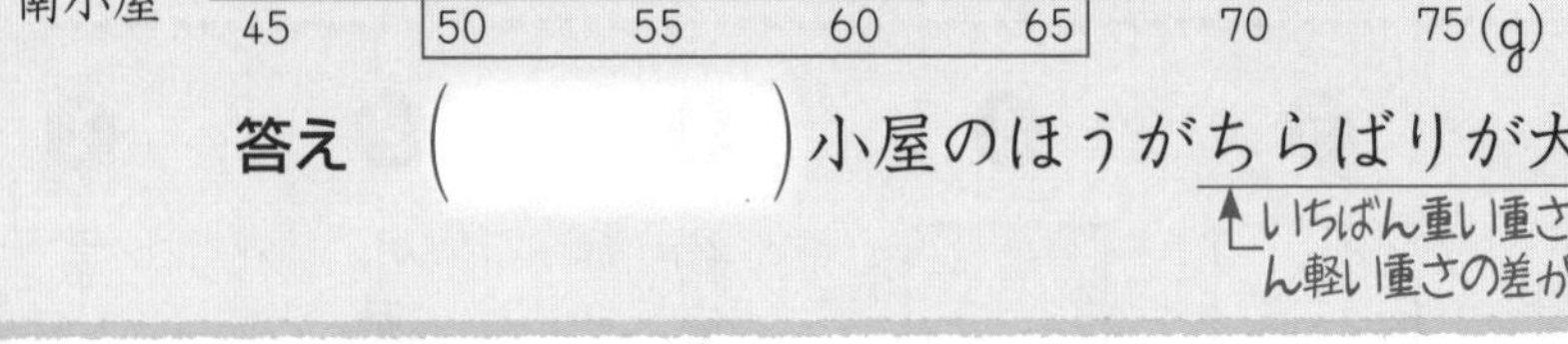

答え (　　　　)チームのほうがちらばりが大きい

□問正解！ 満点になるまでおさらいしよう！

答えは127ページ

月　日

52 亡・認・貴・秘

タイムアタック目標5分
分　秒

読もう

❶ 秘境を訪《たず》ね歩く。

❷ 貴族の生活。

❸ 他国に亡命する。

❹ まちがいを認める。

❺ 存《そん》亡の危《き》機にある動物。

❻ 秘蔵《ぞう》の貴金属製品。

書こう

❶ □《ひ》密《みつ》の話。

❷ □《ぼう》命を受け入れる。

❸ 神□《ぴ》的な湖。

❹ □《き》重品の持ちこみを□《みと》める。

❺ □《き》重な意見。

❻ 失敗を□《みと》めて反省する。

□問正解！　満点になるまでおさらいしよう！

答えは127ページ

月　日

52 資料の調べ方 ②

タイムアタック目標 5分
分　秒

★ 次の表に、記録を整理しましょう。

例題

1 A《エー》の畑でとれたジャガイモの重さの記録

数えたものは印をつける

ジャガイモの重さ(g)

82	~~74~~	105	110	~~79~~
~~75~~	128	86	80	110
93	95	101	87	~~77~~
99	113	88	90	89

「80未満」に80は入らない

重さ(g)	個数(個)	
以上　未満 70 ～ 80	𤴓	㋐ 4
80 ～ 90	正一	㋑
90 ～ 100	𤴓	㋒
100 ～ 110	丅	㋓
110 ～ 120	下	㋔
120 ～ 130	一	㋕
合計	㋖	

「正」の字を使って数える

2 B《ビー》の畑でとれたサツマイモの重さの記録

サツマイモの重さ(g)

213	220	230	209	221
217	209	223	208	233
214	210	253	235	227
222	218	204	218	248

重さ(g)	個数(個)	
以上　未満 200 ～ 210		
～		
～		
～		
～		
～		
合計		

□問正解！ 満点になるまでおさらいしよう！

答えは127ページ

月　日

53 将・憲・尊・敬

タイムアタック目標5分
分　秒

読もう

❶ 先祖を尊敬する。（　）（　）

❷ 先人の教えを尊ぶ。（　）（　）

❸ 将来の夢を語る。（　）（　）

❹ 先生を敬う。（　）（　）

❺ 憲法は尊いものだ。（　）（　）（　）

❻ 将軍に会う。（　）（　）

書こう

❶ 命を□《とうと》ぶ。

❷ 創《そう》立者を□《うやま》う。

❸ □《けん》法について学ぶ。

❹ 作品に□《けい》意をはらう。

❺ 主□《しょう》の意見を□《そん》重する。

❻ 国連□《けん》章を読む。

□問正解！満点になるまでおさらいしよう！

答えは127ページ

月　日

53 資料の調べ方 ③

タイムアタック目標 5分
分　秒

★ 記録を柱状グラフ（ヒストグラム）に表しましょう。

例題

❶ 北の小屋でにわとりが産んだ卵《たまご》の重さの記録

重　さ(g)	個数(個)
45以上～50未満	2
50　～55	3
55　～60	6
60　～65	4
65　～70	3
70　～75	2
合　計	20

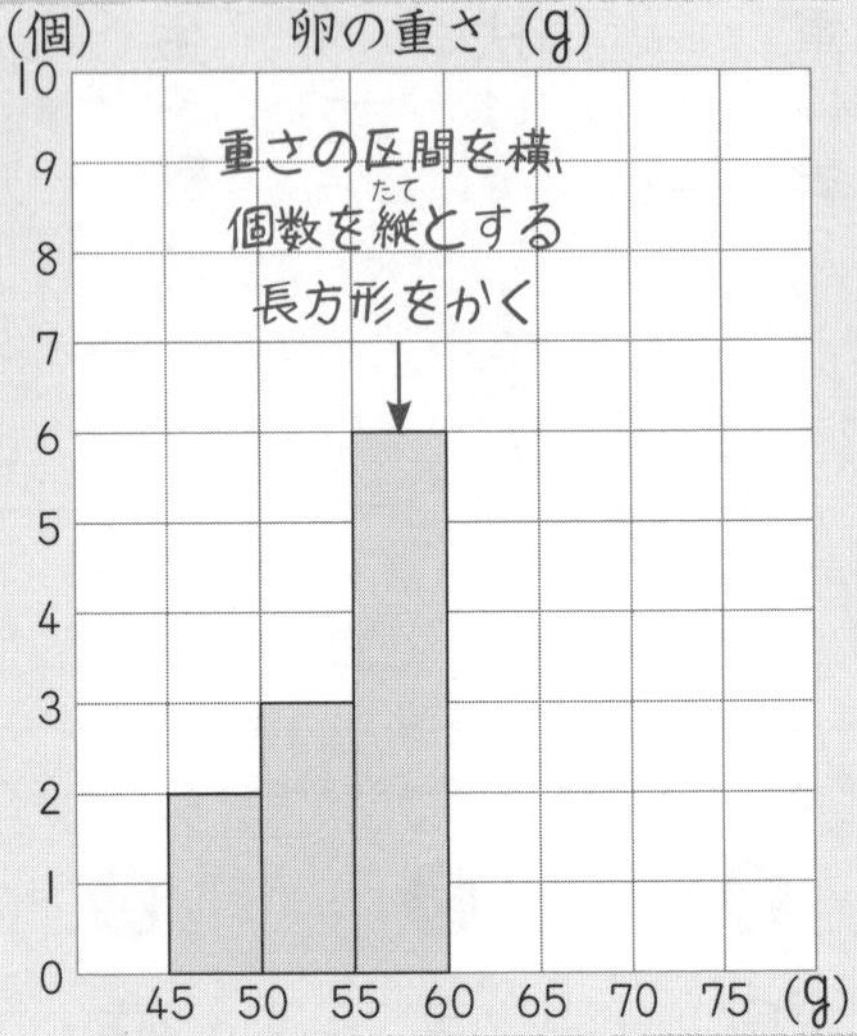

❷ 北の畑でとれたタマネギの重さの記録

重　さ(g)	個数(個)
170以上～180未満	3
180　～190	4
190　～200	4
200　～210	6
210　～220	2
220　～230	3
合　計	22

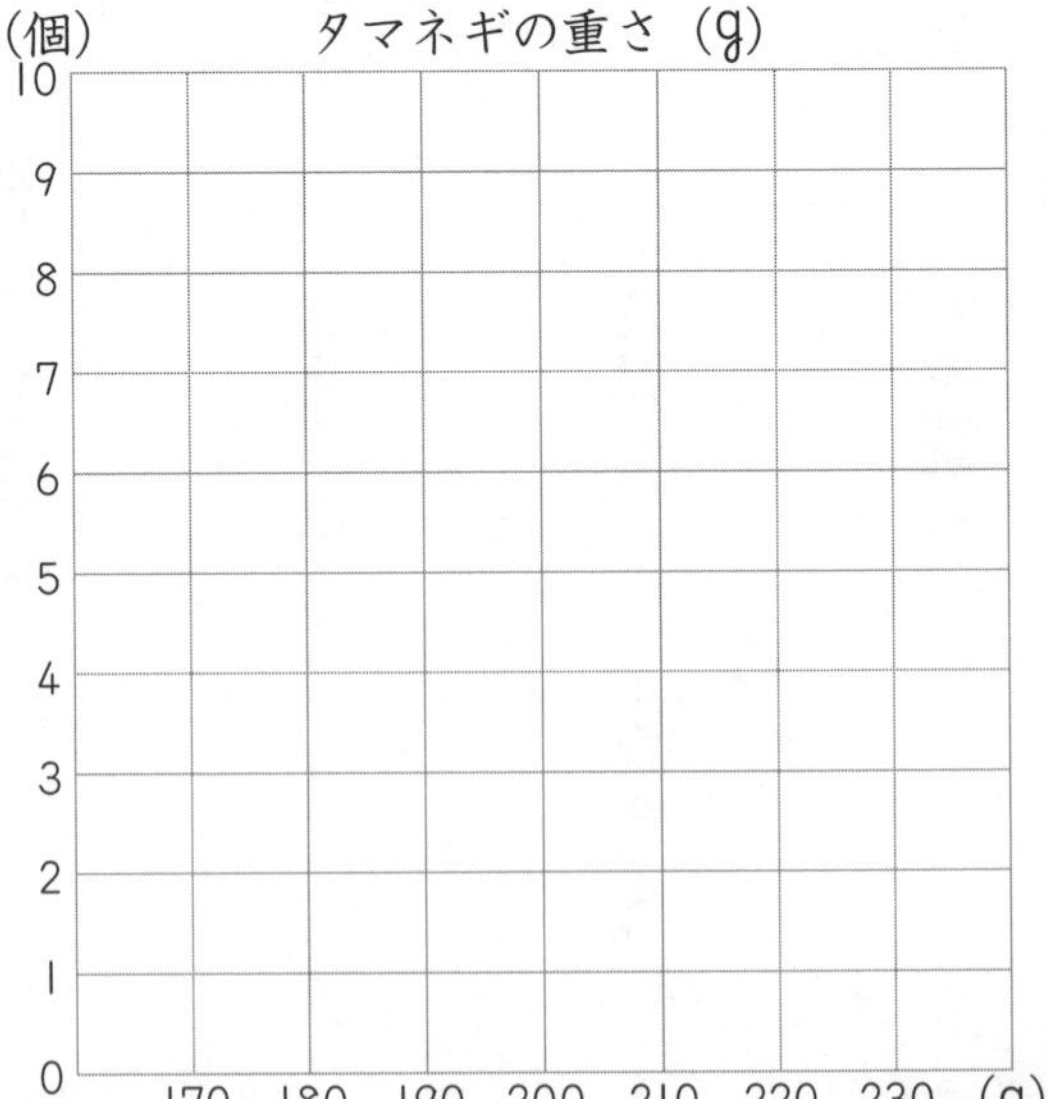

□問正解！満点になるまでおさらいしよう！

答えは127ページ

54 漢字のまとめ ⑧

タイムアタック 目標5分
分　秒

読もう

❶ 秘書に通訳をたのむ。

❷ 自宅の窓を閉《し》める。

❸ 土蔵のすぐ裏側に回る。

❹ 郷里に学校を創《つく》る。

❺ 貴族の暮《く》らし。

❻ 武将の活やく。

書こう

❶ 親□《こう》行をする。

❷ 疑《ぎ》わくを□《みと》める。

❸ 先生を□□《そんけい》する。

❹ 高□《そう》ビルを□《ちん》貸《たい》する。

❺ □《わす》れ物を□《とど》ける。

❻ 外国に□《ぼう》命する。

□問 正解！ 満点になるまでおさらいしよう！

答えは127ページ

月　日

54 代表値

タイムアタック目標5分
分　秒

★ 次の問題に答えましょう。

例題

❶ 山田さんと田中さんは、ある週の、自宅から学校までの通学時間を調べて表にまとめました。二人の通学時間の平均は何分ですか。

曜日	月	火	水	木	金
山田さん	14分	18分	19分	18分	16分
田中さん	37分	33分	25分	37分	28分

山田さんの通学時間の平均 (㋐　　　) 分

田中さんの通学時間の平均 (㋑　　　) 分

❷ 二人の通学時間を比べましょう。

田中さんの通学時間の平均は、山田さんの通学時間の平均より、
(　　　) 分、長い。

二人の通学時間の「平均」を「代表」として考えると、二人の通学時間の特徴を比べることができる。

❸ 次の表は、A《エー》チームとB《ビー》チームのソフトボール投げの結果を記録したものです。それぞれのチームの結果を比べましょう。

Aチーム	18m	20m	17m	22m	24m	19m	20m	18m	26m	20m
Bチーム	19m	16m	30m	14m	15m	21m	22m	17m	18m	16m

Aチームの平均は、Bチームの平均より (　　　) m、長い。

□問正解！満点になるまでおさらいしよう！

答えは128ページ

月　日

55 6年のまとめ ①

タイムアタック 目標5分
分　秒

読もう

❶ 腹式（　）で静かに呼吸（　）をする。

❷ 骨折（　）を疑（　）う。

❸ 展覧会（　）に少し姿（　）を見せる。

❹ 除幕式（　）になんとか至（　）る。

❺ 星座（　）の見つけ方は簡単（　）だ。

❻ 映画俳優（　）にあこがれる。

書こう

❶ □《はん》長の□《きび》しい言葉。

❷ □《よく》日が提出期限だった。

❸ □《けい》察□《しょ》に□《きん》務する。

❹ 布を□《さい》断する。

❺ □《こく》物をとり入れる。

❻ □《たまご》を□《わ》る。

□問正解！ 満点になるまでおさらいしよう！

答えは
128ページ

55 計算のまとめ⑦
小数の計算

タイムアタック目標5分
分　秒

★ 次の計算をしましょう。
わり算はわり切れるまで計算しましょう。

❶ 5.3＋2.8　❷ 4＋3.5　❸ 6.9＋13.1

❹ 3.7－1.3　❺ 8－5.4　❻ 12.2－6.8

❼
```
  4.8
× 5 9
```

❽
```
  0.8 7
×   3 6
```

❾
```
  1.3 4
×   2 5
```

❿ 7)0.4 8 3

⓫ 13)2 8.4 7

⓬ 25)1 3.5

□問正解！満点になるまでおさらいしよう！

答えは128ページ

56 6年のまとめ②

タイムアタック目標5分
分　秒

読もう

❶ 的を射るのは困難だ。

❷ 武将に対し忠誠をちかう。

❸ 胸にとつ然激痛が走る。

❹ 皇后陛下を常に尊敬する。

❺ 灰色に染める。

❻ 危険な操縦をする。

書こう

❶ □《しゅう》職先を□《さが》す。

❷ □《ちょ》者の名前を記す。

❸ □《つくえ》の上に本を数□《さつ》置く。

❹ □《そう》作意□《よく》がわく。

❺ □《われ》々の意見が通る。

❻ □《きぬ》の着物を着る。

□問正解！ 満点になるまでおさらいしよう！

答えは128ページ

月　日

56 計算のまとめ⑧
分数の計算

タイムアタック 目標5分
分　秒

★ 次の計算をしましょう。

❶ $\frac{2}{3}+\frac{1}{7}=$

❷ $\frac{7}{10}+1\frac{1}{6}=$

❸ $2\frac{3}{4}+3\frac{2}{5}=$

❹ $\frac{1}{2}-\frac{3}{8}=$

❺ $2\frac{4}{7}-\frac{4}{9}=$

❻ $3\frac{7}{12}-1\frac{2}{3}=$

❼ $\frac{5}{14}\times\frac{8}{15}=$

❽ $2\frac{2}{5}\times3\frac{8}{9}=$

❾ $\frac{6}{11}\times2\frac{1}{16}=$

❿ $\frac{5}{8}\div\frac{5}{12}=$

⓫ $3\frac{3}{7}\div2\frac{2}{35}=$

⓬ $2\frac{7}{10}\div\frac{18}{25}=$

□問正解！満点になるまでおさらいしよう！

答えは128ページ

57　6年のまとめ③

タイムアタック目標5分
分　秒

読もう

❶ 蔵書をすべて収納する。（　）（　）

❷ 党派をこえて討論する。（　）（　）

❸ 紅茶に少し砂糖を入れる。（　）（　）

❹ これは私の大事な聖書だ。（　）（　）

❺ 背筋をきたえる。（　）

❻ 干潮の正しい時刻を調べる。（　）（　）

書こう

❶ □《りん》時のバスが出る。

❷ そうじが□《す》む。

❸ お□《とも》が切り□《かぶ》にこしかける。

❹ 演□《そう》家がステージに□《なら》ぶ。

❺ □《ろう》報を□《とど》ける。

❻ □《ま》き□《じゃく》を使って長さを測る。

□問正解！満点になるまでおさらいしよう！

答えは128ページ

月　日

57 計算のまとめ⑨ いろいろな計算

タイムアタック 目標5分　分　秒

★ 次の計算をしましょう。

❶ $\frac{3}{10}\times\frac{5}{8}\div\frac{9}{16}=$

❷ $\frac{1}{7}\div\frac{3}{20}\div\frac{25}{28}=$

❸ $\frac{1}{4}\times0.3\div\frac{3}{8}=$

❹ $1.35\times\frac{35}{3}\div2\frac{5}{8}=$

❺ $\left(\frac{3}{10}+\frac{5}{6}\right)\times\frac{30}{7}=$

❻ $\frac{5}{12}\times\frac{7}{20}+\frac{3}{12}\times\frac{7}{20}=$

❼ $0.7\times\frac{8}{13}+\frac{3}{10}\times\frac{8}{13}=$

□問正解！満点になるまでおさらいしよう！

答えは128ページ

58 6年のまとめ④

タイムアタック 目標5分　　分　　秒

読もう

❶ 民衆（　）はさんざん批判（　）する。

❷ 雪が降（　）った訳（　）を考える。

❸ 異（　）なる地域（　）の文化。

❹ 奮起（　）して力を発揮（　）する。

❺ 宇宙（　）のどこかで暮（　）らす夢。

❻ 磁針（　）の指す方角に従（　）う。

書こう

❶ 雑□《し》に□《きょう》里の写真がのる。

❷ □《はい》えんの人を□《かん》病する。

❸ □《じゅ》木の□《せん》門家。

❹ □《にゅう》製品を□《じゅく》成させる。

❺ □《しょう》害物競走に出る。

❻ □《うら》庭に木を植える。

□問正解！満点になるまでおさらいしよう！

答えは128ページ

58 計算のまとめ⑩ 面積

タイムアタック 目標5分　　分　秒

★ 次の図形の面積を求めましょう。(円周率は 3.14 とします。)

❶ 台形

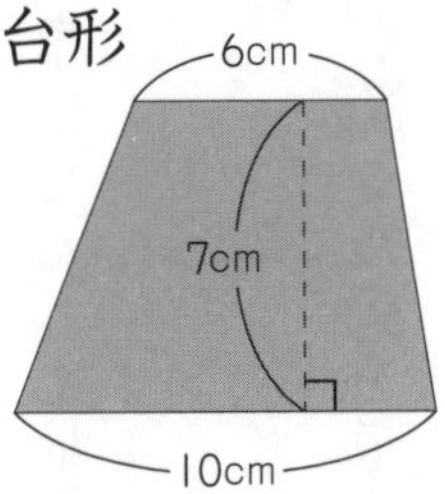

式

答え (　　　　)cm²

❷

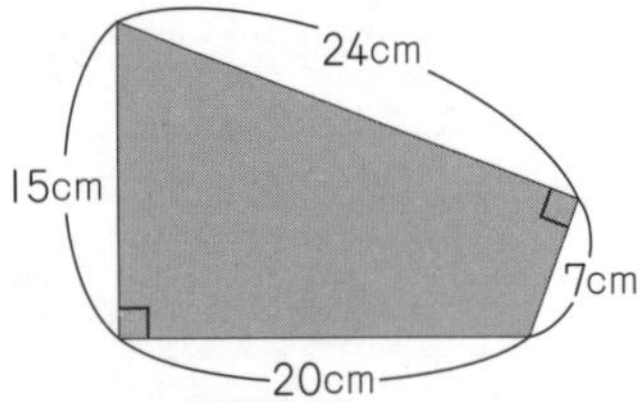

式

答え (　　　　)cm²

❸

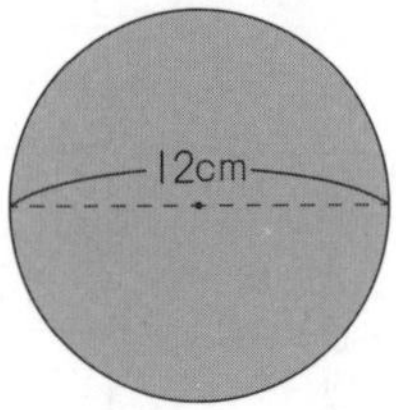

式

答え (　　　　)cm²

❹ 色のついた部分の面積

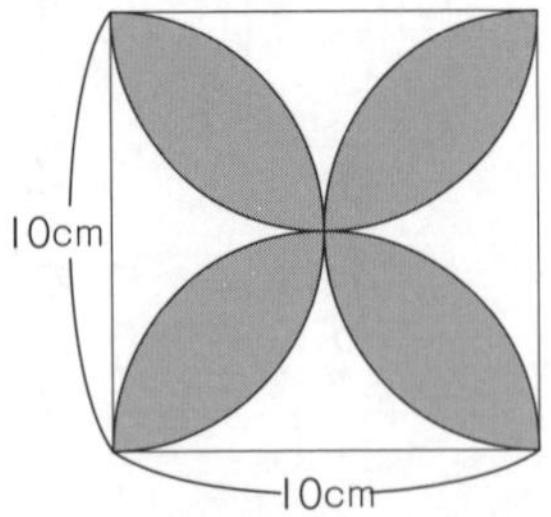

式

答え (　　　　)cm²

□問 正解！ 満点になるまでおさらいしよう！

答えは 128ページ

月　日

59 6年のまとめ⑤

タイムアタック 目標5分
分　秒

読もう

1. 頂上付近の空模様。
2. 価値を冷静に推察する。
3. 源泉をみんなで視察する。
4. 権利を認める。
5. 拡大と縮小。
6. 憲法と法律を学習する。

書こう

1. □《きず》口を□《あら》う。
2. □《よう》児が階□《だん》を上がる。
3. □《ぼう》命を□《せん》言する。
4. □《げき》の上演を□《えん》期する。
5. □《ちん》金をはらう。
6. 包□《そう》紙を破る。

□問正解！ 満点になるまでおさらいしよう！

答えは128ページ

59 計算のまとめ⑪
体　積

タイムアタック 目標 5分

分　秒

★ 図形の体積を求めましょう。(円周率は 3.14 とします。)

❶ 直方体

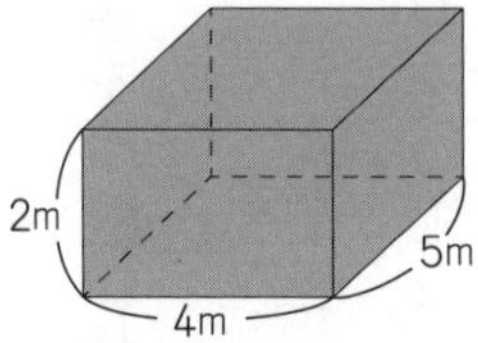

式

答え (　　　　) ㎥

❷ 三角柱

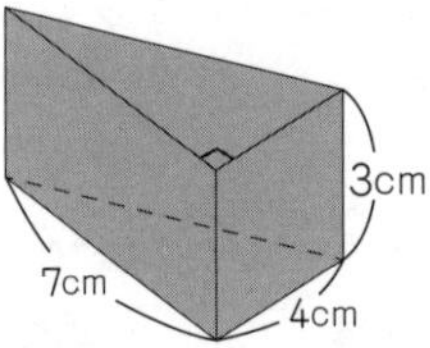

式

答え (　　　　) ㎤

❸ 円柱

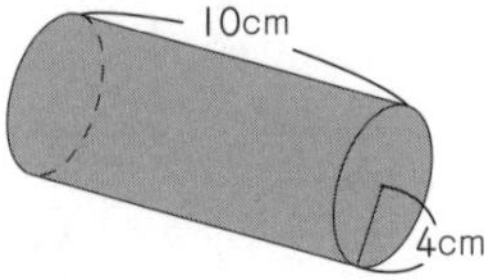

式

答え (　　　　) ㎤

❹ 四角柱

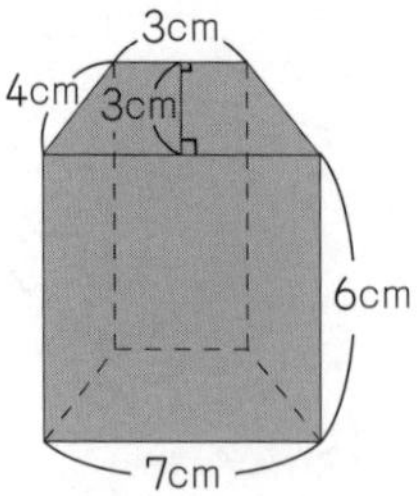

式

答え (　　　　) ㎤

□問 正解！ 満点になるまでおさらいしよう！

答えは128ページ

答え

1 **漢字** **読み** ①りょう、ほ ②が、び ③せいぞう、かてい ④こせい ⑤こ、けんしょう ⑥さ、きじゅん

書き ①修 ②支、在 ③経営 ④告 ⑤燃 ⑥酸素

計算 ① 43.7 ② 19.72 ③ 132.48 ④ 1.6614 ⑤ 10.08 ⑥ 23.8 ⑦ 59.22 ⑧ 0.7696 ⑨ 2.97 ⑩ 0.3237 ⑪ 0.12 ⑫ 184.6

2 **漢字** **読み** ①しょく、え ②こう、きょか ③し、しょう ④せっ、ぎむ ⑤せい、はそん ⑥じょうしき

書き ①輸、限 ②厚、張 ③慣、比 ④桜 ⑤仏 ⑥絶版

計算 ① 7.5 ② 0.84 ③ 425 ④ 3.4 ⑤ 1.8 ⑥ 11.2 ⑦ 3あまり0.5 ⑧ 140あまり0.02 ⑨ 31あまり6.1

3 **漢字** **読み** ①こんざつ、じょうたい ②ぜいがく、ふ ③ぎのう、さん ④はんざい、べんご ⑤おうせつ、うつ ⑥じょうほう、たし

書き ①永久 ②防災、効 ③再 ④因、述 ⑤幹 ⑥似

計算 ① $\frac{7}{9}$ ② $\frac{8}{21}$ ③ $3\frac{17}{24}\left(\frac{89}{24}\right)$ ④ $3\frac{9}{20}\left(\frac{69}{20}\right)$ ⑤ $\frac{3}{10}$ ⑥ $\frac{1}{10}$ ⑦ $2\frac{1}{70}\left(\frac{141}{70}\right)$ ⑧ $1\frac{11}{18}\left(\frac{29}{18}\right)$ ⑨ $1\frac{7}{12}\left(\frac{19}{12}\right)$ ⑩ $\frac{23}{24}$ ⑪ $\frac{37}{45}$ ⑫ $\frac{1}{9}$

4 **漢字** **読み** ①よう、はんだん ②ぼうえき、まか ③じゅ、こうひょう ④ひん、かい ⑤えき、へ ⑥がん

書き ①築、構 ②圧、勢 ③旧 ④刊、編 ⑤逆 ⑥銅、資

計算 ①式 $7 \times 8 \div 2 = 28$ 答え 28cm^2

②式 $6 \times 4 \div 2 = 12$ 答え 12cm^2

③式 $7 \times 4 = 28$ 答え 28cm^2

④式 $2 \times 8 = 16$ 答え 16cm^2

⑤式 $(3+7) \times 5 \div 2 = 25$ 答え 25cm^2

⑥式 $8 \times 6 \div 2 = 24$ 答え 24cm^2

5 **漢字** **読み** ①せい、ていじ ②げん、てき、きそく ③しゃ、い ④かかく、とう ⑤ふくざつ、きょう ⑥こころざし

書き ①婦 ②武術 ③夢 ④謝、状 ⑤飼 ⑥祖、墓

計算 ① 70% ② 120% ③ 34% ④ 0.23 ⑤ 1.6 ⑥ 0.004

⑦式 $24 \div 32 = 0.75$ 答え 75%

⑧式 $1800 \times 0.65 = 1170$ 答え 1170円

6 **漢字** **読み** ①じょ、みちび ②あば ③けつ、ぬの ④りつ ⑤めん、たがや ⑥く、せ

書き ①際、豊 ②象、寄
③快、貸 ④枝 ⑤績 ⑥属、採

計算 ①式 (205+233+220+214+187)÷5=211.8
答え 211.8g
②式 200000÷16=12500
答え 12500人
③式 81÷45=1.8 答え 1.8m
④式 60×1.5=90 答え 90km

7 **漢字** 読み ①き、そん ②けい、うたが ③きざ ④こく ⑤ぞん、ぎ ⑥あぶ
書き ①警、疑 ②刻、危 ③刻
④存 ⑤危、疑 ⑥存

計算 ①点G ②角E ③辺CB
④
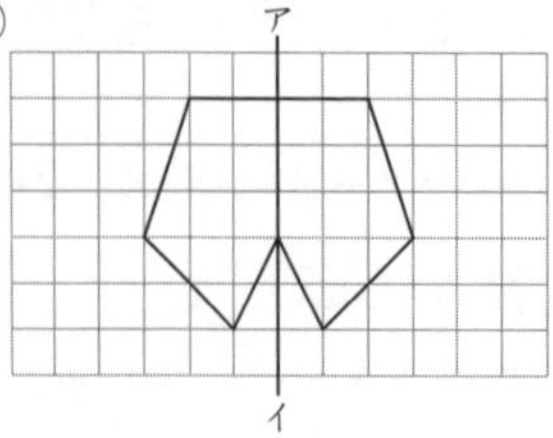

8 **漢字** 読み ①けん、かた
②わり ③わ ④よく ⑤わ
⑥たん
書き ①割、券 ②割 ③欲
④片、割 ⑤欲 ⑥担

計算 ①点E ②角G ③辺DC
④
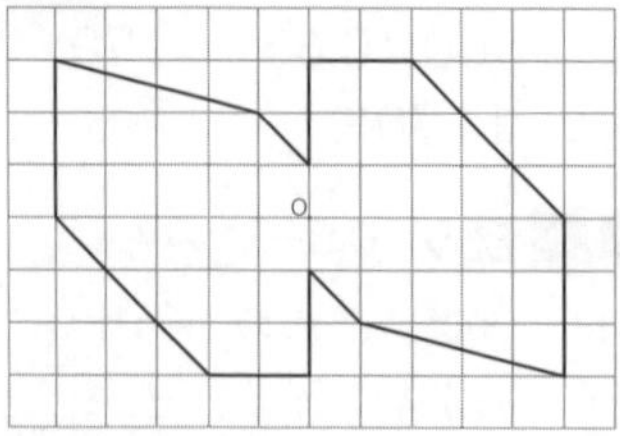

9 **漢字** 読み ①い
②したが ③ちょう ④ひ ⑤つくえ
⑥じゅう、したが
書き ①胃腸 ②机 ③従
④否 ⑤従 ⑥従

計算 ①㋐○ ㋑4 ㋒○
②㋓○ ㋔2 ㋕○
③㋖× ㋗0 ㋘○ ④㋙○ ㋚2
㋛○ ⑤㋜○ ㋝5 ㋞×

10 **漢字** 読み ①さ ②すな、も
③じょう、あら ④げん ⑤みなもと
⑥せん
書き ①洗、蒸 ②盛 ③源
④砂、源 ⑤砂 ⑥洗

計算 ①$x \times 3 = y$
②式 180×3=540
答え $y=540$
③$x \times 8 + 150 = y$
④式 140×8+150=1270
答え $y=1270$

11 **漢字** 読み ①きょう、よ
②つう ③ざ ④す ⑤むね、いた
⑥こきゅう、いた
書き ①呼 ②痛 ③胸、吸
④座 ⑤吸 ⑥胸、痛

計算 ①$x \times 4 = y$
② $80 \times x + 120 = y$ ③ $15 - x = y$
④ $27 \div x = y$ ⑤$x \times 4 = y$

12 **漢字** 読み ①げん
②むね、す ③すな、も ④ざ、ぎ
⑤つう、よく ⑥わ、き
書き ①担、従 ②洗 ③警
④片、券 ⑤机、刻 ⑥呼

計算 ①$\frac{4\times \overset{1}{\cancel{3}}}{\underset{3}{\cancel{9}}}=\frac{4}{3}$ ②$\frac{3}{4}$

③$\frac{6}{7}$ ④$\frac{8}{5}\left(1\frac{3}{5}\right)$ ⑤$\frac{12}{13}$

⑥$\frac{5}{3}\left(1\frac{2}{3}\right)$ ⑦$\frac{3}{2}\left(1\frac{1}{2}\right)$ ⑧5

⑨6 ⑩$\frac{28}{3}\left(9\frac{1}{3}\right)$ ⑪$\frac{9}{2}\left(4\frac{1}{2}\right)$

⑫$\frac{45}{2}\left(22\frac{1}{2}\right)$ ⑬$\frac{16}{3}\left(5\frac{1}{3}\right)$

13 漢字 読み ①はげ、ちょう ②げき ③しお、えん ④かん ⑤だん、そ ⑥ほ

書き ①干潮 ②潮、干 ③沿、激 ④激 ⑤沿 ⑥段

計算 ①㋐5 ㋑3 ㋒7 ㋓4 ㋔$\frac{15}{28}$ ②$\frac{14}{27}$ ③$\frac{5}{24}$ ④$\frac{9}{40}$ ⑤$\frac{8}{49}$

⑥$\frac{5}{12}$ ⑦$\frac{16}{45}$ ⑧$\frac{9}{28}$ ⑨$\frac{25}{24}\left(1\frac{1}{24}\right)$

14 漢字 読み ①かん ②さく ③はん ④しょ ⑤した ⑥しょ

書き ①策 ②班 ③舌 ④簡、処 ⑤舌 ⑥簡

計算 ①㋐3 ㋑1 ㋒4 ㋓5 ㋔$\frac{12}{5}\left(2\frac{2}{5}\right)$ ②㋕4 ㋖3 ㋗2

㋘7 ㋙$\frac{8}{21}$ ③$\frac{12}{7}\left(1\frac{5}{7}\right)$

④$\frac{15}{7}\left(2\frac{1}{7}\right)$ ⑤$\frac{35}{8}\left(4\frac{3}{8}\right)$

⑥$\frac{9}{10}$ ⑦$\frac{7}{20}$ ⑧$\frac{40}{27}\left(1\frac{13}{27}\right)$

⑨$\frac{48}{35}\left(1\frac{13}{35}\right)$ ⑩$\frac{45}{14}\left(3\frac{3}{14}\right)$

15 漢字 読み ①よくばん ②えい、うつ ③まく ④し ⑤うつ ⑥ばく

書き ①翌 ②晩 ③幕、映 ④幕 ⑤映 ⑥映、視

計算 ①㋐1 ㋑3 ㋒$\frac{4}{15}$ ②$\frac{10}{21}$

③$\frac{1}{14}$ ④$\frac{8}{7}\left(1\frac{1}{7}\right)$ ⑤$\frac{1}{4}$

⑥$\frac{3}{2}\left(1\frac{1}{2}\right)$ ⑦$\frac{1}{4}$ ⑧$\frac{3}{40}$ ⑨$\frac{1}{18}$

⑩$\frac{4}{3}\left(1\frac{1}{3}\right)$ ⑪$\frac{17}{20}$

16 漢字 読み ①きん ②し ③せん、つと ④わたし(わたくし)、しゅう ⑤し ⑥すがた

書き ①姿 ②姿 ③専 ④勤、私 ⑤就 ⑥私、勤

計算 ①$\frac{9}{4}$ ②$\frac{2}{5}$ ③$\frac{1}{2}$

④$\frac{7}{5}$ ⑤8 ⑥$\frac{10}{3}$ ⑦$>$ ⑧$<$

⑨$<$ ⑩$<$

17 漢字 読み ①ほう ②みっ ③く、われ ④みつ、く ⑤いき ⑥たず

書き ①我、訪 ②域、密 ③暮、訪 ④密 ⑤暮 ⑥域

計算 ①㋐$\frac{15}{16}$ ㋑$\frac{15}{16}$ ㋒$\frac{3}{16}$

㋓$\frac{13}{16}$ ②㋔$\frac{5}{7}+\frac{2}{7}$ ㋕$\frac{15}{16}$

③$\frac{19}{7}\left(2\frac{5}{7}\right)$ ④$\frac{3}{7}$ ⑤7 ⑥$\frac{3}{8}$

⑦$\frac{4}{5}$

18 漢字 読み ①ばく ②わたし(わたくし)、せん ③よく、つと ④いき、みっ ⑤だん、し ⑥かん、しょ

書き ①干潮、沿 ②激、姿 ③訪
④暮 ⑤策 ⑥就

計算 ①$\frac{6}{35}$ ②$\frac{2}{3}$ ③$\frac{32}{9}\left(3\frac{5}{9}\right)$
④$\frac{15}{8}\left(1\frac{7}{8}\right)$ ⑤1 ⑥$\frac{20}{7}\left(2\frac{6}{7}\right)$
⑦$\frac{33}{7}\left(4\frac{5}{7}\right)$ ⑧$\frac{2}{11}$ ⑨$\frac{8}{3}$
⑩10 ⑪$\frac{1}{5}$ ⑫4 ⑬< ⑭>

19

漢字 読み ①きび ②さい、いた
③し、じょ ④とう ⑤のぞ
⑥げん、さば
書き ①除、至 ②厳 ③裁、討
④厳、至 ⑤裁 ⑥除

計算 ①$\frac{\overset{2}{\cancel{4}}}{9\times\underset{1}{\cancel{2}}}=\frac{2}{9}$ ②$\frac{1}{6}$
③$\frac{3}{20}$ ④$\frac{1}{9}$ ⑤$\frac{2}{11}$ ⑥$\frac{1}{12}$
⑦$\frac{1}{36}$ ⑧$\frac{2}{35}$ ⑨$\frac{4}{15}$ ⑩$\frac{4}{45}$
⑪$\frac{8}{81}$ ⑫$\frac{1}{10}$ ⑬$\frac{1}{24}$

20

漢字 読み ①すい ②あな、す
③たわら、たて ④た ⑤しゃ
⑥じゅう
書き ①縦、俵 ②垂、穴 ③俵、捨
④垂 ⑤捨 ⑥縦

計算 ①㋐5 ㋑4 ㋒$\frac{15}{32}$ ②$\frac{6}{25}$
③$\frac{18}{7}\left(2\frac{4}{7}\right)$ ④$\frac{25}{27}$ ⑤$\frac{2}{3}$
⑥$\frac{3}{2}\left(1\frac{1}{2}\right)$ ⑦$\frac{3}{4}$ ⑧$\frac{14}{3}\left(4\frac{2}{3}\right)$
⑨6

21

漢字 読み ①ゆう、らん ②てん
③のう ④つく ⑤そう ⑥てん
書き ①創 ②展覧 ③脳 ④優、脳
⑤創 ⑥覧

計算 ①㋐2 ㋑1 ㋒8 ㋓3
㋔$\frac{16}{3}$ ②㋕7 ㋖5 ㋗9 ㋘7
㋙$\frac{9}{5}$ ③$\frac{21}{2}\left(10\frac{1}{2}\right)$ ④8 ⑤$\frac{1}{45}$
⑥$\frac{1}{8}$ ⑦$\frac{32}{21}\left(1\frac{11}{21}\right)$ ⑧$\frac{14}{5}\left(2\frac{4}{5}\right)$
⑨$\frac{7}{20}$ ⑩$\frac{9}{4}\left(2\frac{1}{4}\right)$

22

漢字 読み ①かいこ、あず
②ちょう ③さん ④よ、じゅ
⑤わか、いただき ⑥いただ
書き ①蚕 ②頂、樹 ③頂
④蚕、預 ⑤若 ⑥頂

計算 ①㋐9 ㋑10 ㋒5 ㋓3
㋔$\frac{3}{2}$ ②$\frac{27}{8}\left(3\frac{3}{8}\right)$ ③$\frac{7}{5}\left(1\frac{2}{5}\right)$
④$\frac{2}{7}$ ⑤$\frac{5}{8}$ ⑥< ⑦< ⑧>
⑨>

23

漢字 読み ①はい ②ぞう
③ほね ④ふく、けい ⑤こっ
⑥はら
書き ①骨 ②臓、腹 ③骨
④臓、肺 ⑤腹 ⑥系

計算 ①$\frac{21}{50}$ ②$\frac{3}{10}$ ③$\frac{7}{9}$
④$\frac{6}{7}$ ⑤$\frac{15}{2}\left(7\frac{1}{2}\right)$ ⑥$\frac{1}{14}$
⑦$\frac{15}{8}\left(1\frac{7}{8}\right)$ ⑧$\frac{5}{8}$ ⑨$\frac{1}{6}$ ⑩$\frac{2}{5}$
⑪$\frac{16}{45}$ ⑫6 ⑬< ⑭<

24 **漢字** 読み ①ふく ②とう、ゆう
③かいこ、きび ④てんらん、いた
⑤のう、じゅ ⑥ぞう、はい
書き ①優 ②頂、捨 ③穴、垂
④若、除 ⑤預 ⑥縦
計算 ① $\frac{2}{3}$ ② $\frac{4}{15}$ ③ $\frac{5}{7}$
④ $\frac{1}{8}$ ⑤ $\frac{7}{30}$ ⑥ $\frac{9}{4}\left(2\frac{1}{4}\right)$
⑦ $\frac{9}{5}\left(1\frac{4}{5}\right)$

25 **漢字** 読み ①い、たから ②そう
③ほう ④おぎな ⑤ほ ⑥ちょう
書き ①装 ②宝、装 ③宝、補
④遺 ⑤補 ⑥庁
計算 ① 1 ② $\frac{16}{5}\left(3\frac{1}{5}\right)$
③ $\frac{23}{12}\left(1\frac{11}{12}\right)$ ④ $\frac{1}{8}$ ⑤ $\frac{5}{6}$
⑥ $\frac{3}{10}$ ⑦ $\frac{9}{5}\left(1\frac{4}{5}\right)$

26 **漢字** 読み ①い ②そう
③うちゅう ④ぼ ⑤しゃ ⑥も
書き ①宇宙、操 ②射 ③射
④模 ⑤模 ⑥操
計算 ① $\frac{3}{4}$ ② $\frac{1}{3}$ ③ $\frac{8}{15}$
④ $\frac{27}{14}\left(1\frac{13}{14}\right)$ ⑤ $\frac{7}{2}\left(3\frac{1}{2}\right)$
⑥ $\frac{15}{4}\left(3\frac{3}{4}\right)$ ⑦ $\frac{4}{25}$

27 **漢字** 読み ①まい ②ゆう
③さつ ④ゆう ⑤けん ⑥ちょ
書き ①郵 ②冊 ③著、冊 ④枚
⑤権 ⑥著、権
計算 ① $\frac{11}{3}\left(3\frac{2}{3}\right)$ ② 3
③ 31 ④ $\frac{8}{15}$ ⑤ $0.5\left(\frac{1}{2}\right)$ ⑥ 9

28 **漢字** 読み ①よう、ろう ②こう
③よ ④べに ⑤ぜん
⑥おさな、じゅん
書き ①紅 ②純、善 ③紅
④幼、朗 ⑤幼 ⑥善
計算 ① $\frac{12}{7}\left(1\frac{5}{7}\right)$ ② $\frac{7}{20}$(0.35)
③ $\frac{1}{20}$(0.05) ④ 6.5
⑤ $\frac{2}{5}$(0.4) ⑥ $\frac{2}{3}$

29 **漢字** 読み ①せい ②ちゅう
③しゅう、らん ④みだ ⑤じん
⑥みだ
書き ①乱 ②忠誠、乱 ③仁
④衆 ⑤乱 ⑥誠
計算 ①式 $3\times3\times3.14=28.26$
答え 28.26cm²
②式 $7\times7\times3.14=153.86$
答え 153.86cm²
③式 $6\times6\times3.14\div4=28.26$
答え 28.26cm²
④式 $9\times9\times3.14\div2=127.17$
答え 127.17cm²

30 **漢字** 読み ①ほう、も ②そう、
みだ ③ゆう、ろう ④よう、ちょ
⑤ちゅうせい ⑥ぜん
書き ①遺、冊 ②宇宙、射 ③補
④衆、権 ⑤純 ⑥装
計算 ①式 $10\times10=100$
$5\times5\times3.14=78.5$
$100-78.5=21.5$
答え 21.5cm²
②式 $8\times8\times3.14\div2=100.48$

4×4×3.14＝50.24
100.48－50.24＝50.24
答え　50.24cm^2
③式　10×10×3.14－5×5×3.14
＝235.5
答え　235.5cm^2
④式　5×5×3.14÷2＝39.25
答え　39.25cm^2

31 **漢字** 読み ①かん、きず
②しょう　③おさ　④だん、あたた
⑤あたた、しゅうのう　⑥おさ
書き ①納　②暖　③暖、収　④収
⑤傷、納　⑥傷、看
計算 ①式　(6×4÷2)×5＝60
答え　60cm^3
②式　5×8×4＝160
答え　160cm^3
③式　(3×4÷2)×7＝42
答え　42cm^3
④式　(8×5÷2)×3＝60
答え　60cm^3
⑤式　{(3＋6)×2÷2}×4＝36
答え　36cm^3

32 **漢字** 読み ①ま、じゃく
②しゅく　③かん、ね　④ち、まき
⑤せん　⑥ちぢ
書き ①巻　②縮尺　③巻、値
④巻、縮　⑤縮　⑥銭、値
計算 ①式　(4×4×3.14)×6
＝301.44　答え　301.44cm^3
②式　(3×3×3.14)×8＝226.08
答え　226.08cm^3
③式　(5×5×3.14)×4＝314
答え　314cm^3
④式　(6×6×3.14)×10＝1130.4
答え　1130.4cm^3
⑤式　(5×5×3.14)×7
－(3×3×3.14)×7＝351.68
答え　351.68cm^3

33 **漢字** 読み ①はい、ぼう　②せ
③せすじ　④きん、てき　⑤せい
⑥おん
書き ①敵　②棒、背　③筋
④背筋　⑤恩　⑥敵
計算 ①式　600×400÷2
＝120000
答え　120000m^2
②式　30×50×40＝60000
答え　60000cm^3
③式　(3＋5)×4÷2＝16
答え　16km^2
④式　(10×7÷2)×6＝210
答え　210cm^3

34 **漢字** 読み ①こく、と　②すん、
あやま　③し　④へい　⑤ご
⑥じゅく
書き ①閉、寸　②閉　③誤　④穀
⑤熟　⑥誤、閉
計算 ①2：3
②式　2÷3＝$\frac{2}{3}$　答え　$\frac{2}{3}$
③5：8
④式　5÷8＝$\frac{5}{8}$　答え　$\frac{5}{8}$
⑤17：19
⑥式　17÷19＝$\frac{17}{19}$　答え　$\frac{17}{19}$

35 **漢字** 読み ①き　②ひ　③とう
④かく　⑤ろん　⑥かく
書き ①閣　②党、論　③閣
④揮、批　⑤党、論　⑥揮
計算 ①6　②1　③12　④3

⑤1：2　⑥$\frac{2}{6}$：$\frac{3}{6}$＝2：3
⑦2：5　⑧3：2　⑨4：9
⑩1：5

36 **漢字** 読み ①こく、おさ　②ちぢ
③あたた、かん　④あやま、ひ
⑤ろん、じゅく　⑥し、てき
書き ①筋　②傷、巻　③棒
④党、閣　⑤値　⑥寸

計算 ①式　$20\times\frac{3}{4}=15$
答え　15cm
②式　$240\times\frac{2}{3}=160$
答え　160g
③式　$900\times\frac{2}{5}=360$
答え　360mL

37 **漢字** 読み ①にゅう　②ちち
③とう、たまご　④たん　⑤いずみ
⑥せん
書き ①乳、卵　②乳、糖　③誕
④泉　⑤乳　⑥泉

計算 ①式　$30\times\frac{3}{5}=18$
答え　18枚
②式　$140\times\frac{3}{7}=60$　答え　60mL
③式　$1200\times\frac{5}{8}=750$　答え　750円

38 **漢字** 読み ①めい　②りん
③しょ　④しょ　⑤さが　⑥たん
書き ①諸　②臨、探　③盟
④盟、諸　⑤署　⑥探

計算 ①2：5　②3：1
③1：6　④7：5　⑤9：4
⑥4：1
⑦式　$240\times\frac{8}{3}=640$　答え　640g
⑧式　$30\times\frac{1}{5}=6$　答え　6人

39 **漢字** 読み ①こ　②りつ
③しょう　④こ　⑤せん　⑥しゅう
書き ①己、律　②承　③宣
④宣　⑤宗　⑥律

計算 ① 80°　② 6cm　③ 70°
④ 4cm　⑤

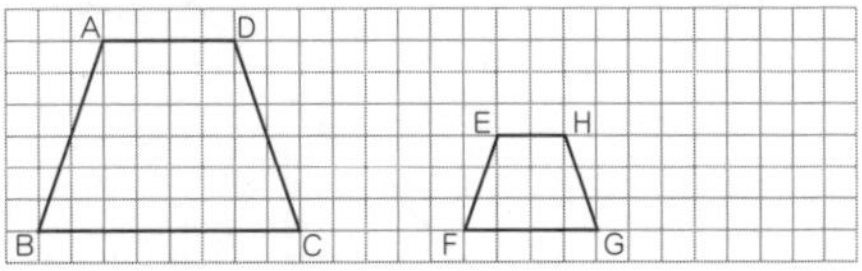

40 **漢字** 読み ①こうごうへい
②そう　③なみ　④のう、なら
⑤なら　⑥そう
書き ①皇陛　②皇、后　③皇
④並、奏　⑤並　⑥並

計算 ① 500m　② 3cm
③ 3km　④ 10cm

41 **漢字** 読み ①の　②こう
③えん、たい　④ふ、しりぞ
⑤はい、げき　⑥お
書き ①降、延　②退　③降、俳
④退、延　⑤降　⑥劇、延

計算 ㋐8　㋑12　㋒16
㋓20　㋔24　㋕2　㋖3　㋗6　㋘9
㋙12　㋚15　㋛35　㋜70
㋝105　㋞140　㋟175　㋠210

42 **漢字** 読み ①たまご、たん
②こうごうへい、そう　③はい、なら
④たい　⑤しゅう　⑥にゅう、とう

書き ①劇 ②署、探 ③盟、宣 ④臨、降 ⑤律 ⑥延

計算 ① $y=3\times x$ ($y\div x=3$)
② $y=250\times x$ ($y\div x=250$)
③ $y=1.8\times x$ ($y\div x=1.8$)
④ $y=x\times 4$ ($y\div x=4$)

43 **漢字** 読み ①こま ②す ③こん、さい ④むずか、し ⑤せい ⑥なん

書き ①困難 ②済 ③難 ④聖 ⑤済 ⑥詞、困

計算 ①

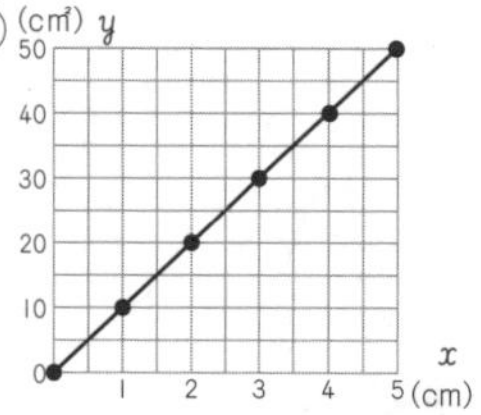

②

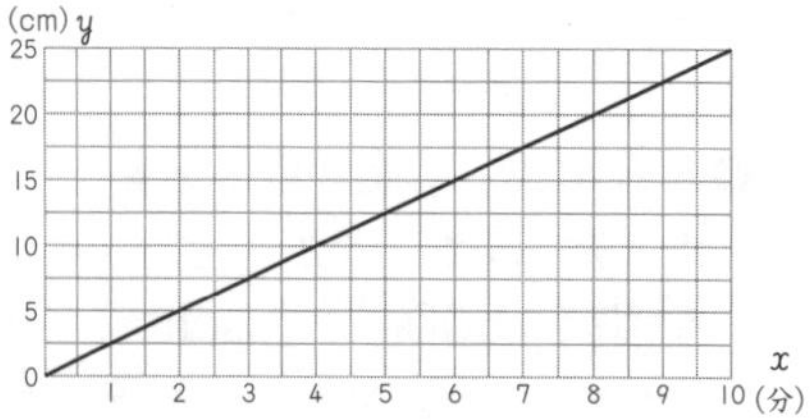

44 **漢字** 読み ①はい ②かく ③は ④そ ⑤そ ⑥ばい

書き ①派 ②灰、拡 ③拡 ④染 ⑤派 ⑥染

計算 ㋐12 ㋑8 ㋒6 ㋓4.8 ㋔4 ㋕ $\frac{1}{2}$ ㋖ $\frac{1}{3}$ ㋗30 ㋘15 ㋙10 ㋚7.5 ㋛6 ㋜5 ㋝50.4 ㋞42 ㋟36 ㋠31.5 ㋡28 ㋢25.2

45 **漢字** 読み ①しょう ②はり ③じしん ④こと ⑤ばり ⑥い

書き ①磁 ②針 ③異 ④障 ⑤異 ⑥針

計算 ① $y=20\div x$ ($x\times y=20$)
② $y=2800\div x$ ($x\times y=2800$)
③ $y=30\div x$ ($x\times y=30$)
④ $y=50\div x$ ($x\times y=50$)

46 **漢字** 読み ①そな、おが ②とも、ぱい ③ふる ④ぷん、かく ⑤かく、ふん ⑥きょう

書き ①奮 ②供 ③革 ④供、拝 ⑤拝 ⑥奮

計算 ① ㋐60 ㋑40 ㋒30 ㋓20 ㋔15 ㋕12 ㋖10 ㋗8 ㋘6

②

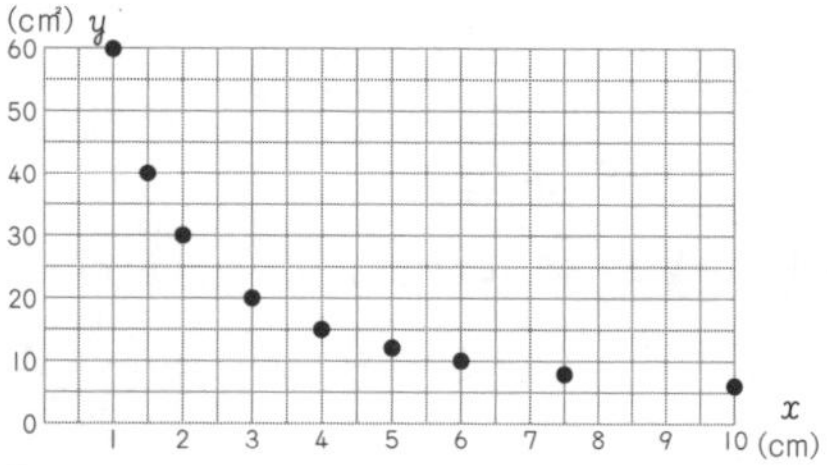

47 **漢字** 読み ①きぬ ②し ③かぶ ④こう ⑤し ⑥きぬ

書き ①株 ②鋼 ③誌 ④絹 ⑤誌 ⑥鋼

計算 ① ㋐3 ㋑6 ㋒9 ㋓12 ㋔15 ㋕18 ② ㋐480 ㋑240 ㋒160 ㋓120 ㋔96 ㋕80
③ $y=18\times x$ ($y\div x=18$)
④ $y=76\div x$ ($x\times y=76$)

48 **漢字** 読み ①かく、むずか ②そ ③せい ④きぬ ⑤かぶ、こま ⑥しょう

書き ①拡 ②磁、異 ③供、拝 ④派、誌 ⑤灰 ⑥針